V&R

Kinder glauben praktisch | 8

Gott macht aus Nichts eine Welt

Vandenhoeck & Ruprecht

Angelika Hüffell
Thomas Hirsch-Hüffell

Gott macht aus Nichts eine Welt

Schöpfungstage mit Kindern erleben

Für Silas und Clara

Bibliografische Information Der Deutschen Bibliothek

Die Deutsche Bibliothek verzeichnet diese Publikation in der Deutschen Nationalbilbliografie; detaillierte bibliografische Daten sind im Internet über <http://dnb.ddb.de> abrufbar.

ISBN 3-525-61538-8

Mit 25 Abbildungen, 1 Schaubild und 2 Liedern.

Grafische Gesamtkonzeption: Rudolf Stöbener, Göttingen
Satz: Weckner Fotosatz GmbH | media+print, Göttingen
Druck und Bindung: PROOST, International Book Production, Turnhout, Belgium.

Inhalt und Orientierung

Die Schöpfungstage im Überblick (Kapitel 7)

	Gehalt	*Praxis*	*Mosaiksteine*
Tag 1	Urflut – Finsternis – Licht	Lauschen, wie alles beginnt	1. 7 Urgeräusche. Ein Klangbild 2. Dunkelheit wahrnehmen 3. Geräusche erraten und benennen 4. Richtung raten 5. Urschrei des Ungeheuers 6. Von hinten anschleichen
Tag 2	Himmelsgewölbe über dem Wasser	Was sich über mir, unter mir auftut	1. Wolkenbilder – Pfützenleben 2. Schiffchen pusten 3. Himmel im Spiegel 4. Pfützenbilder malen 5. Fallschirm-Spiele 6. Atmen 7. Balance 8. Seifenblasen 9. Pustebilder
Tag 3	I. Wasser und Land	Ia. Leben entsteht zwischen Gegensätzen Ib. Wir sind ein Teil der Natur	1. Mit Steinen spielen 2. Bettwäschen-Steine 3. Die Wüste lebt. Eine bewegte Fantasiereise 4. Urschlamm
	II. Pflanzen	II. Von Pflanzen lernen	1. Weizenfelder 2. Geruchs-Memory 3. Bewegungsmeditationen 4. Malen 5. Blätter pressen 6. Blättertanz 7. Bäume-im-Wind-Spiel 8. Sich aufrichtende Blumen…

	Gehalt	*Praxis*	*Mosaiksteine*
Tag 4	Sterne, Tag und Nacht	Sonne, Mond und Sterne „Freiheit im Takt“	1. Erlebnisnacht 2. Rhythmusspiel Obstsalat 3. Sterne gucken 4. Himmelstuch 5. Kerzen im Raum
Tag 5	Wassertiere/Fische Lufttiere/Vögel	Von Flossen und Flügeln „Ordnung“	1. Sanft rollende Wellen 2. Traumreise mit Bewegung 3. 3 m^3 Südsee 4. Belebter Himmel 5. Vogelflug. Forschung in Bewegung 6. Einfache Vogelmasken
Tag 6	I. Tiere auf dem Land	I. Leben auf vier Beinen „Nie einsam“	1. Zoo auf dem Rücken 2. Stofftiere werden lebendig
	II. Menschen	II. Leben mit zwei Händen a. Verwandtschaft von Pflanze und Mensch b. Verwandtschaft von Gott und Mensch	1. Meine Hände betrachten 2. Figur aus Ton modellieren 3. Figuren bauen 4. Figuren ertasten und blind nachstellen
Tag 7	Sonntag	Ruhe, Leere, Freispiel und Feiern	Beispiel für einen feierlichen Abschluss-gottesdienst

Was wir wollen

Zur Entstehung des Buches

Dieses Buch ist das Ergebnis einer Begegnung von Gestalt- und Theaterpädagogik einerseits und Theologie und Liturgik andererseits.

Die *Gestalt- und Theaterpädagogin* kennt sich aus in der Fortbildung von Menschen, die Kinder und Erwachsene in pädagogischen und therapeutischen Einrichtungen begleiten und zu ihrer ästhetischen und religiösen Bildung beitragen. Sie tut das seit zwanzig Jahren freiberuflich in Kursen und längeren Fortbildungen (siehe z.B. www.dellarte-theaterpaedagogik.de). Ihre Arbeit ist inspiriert vom kollegialen Diskurs in der „playing-arts" Bewegung mit ihrem Zentrum im Burckhardthaus Gelnhausen (www.playing-arts.de). Gelernt wird am eigenen Körper, durch die Sinne, in der Imagination und im Umgang mit kaum vorgeformtem Material. Das alles geschieht in der Gruppe – szenisch, meditativ, wild, in klarer Ordnung und von Herzen chaotisch. Was Große und Kleine zur Sache – Gott schafft aus Nichts eine Welt – und zu sich selbst führt, das will sie hier einbringen – konkret, praktisch, machbar.

Der *Pastor* bringt Erfahrungen aus zehn Jahren Arbeit mit Kindern in der Kirchengemeinde ein. Jetzt ist er Spezialist ist für Gottesdienste aller Art (siehe unter www.gottesdienstinstitut-nek.de). Er will menschlich-theologisch auf die Motive der Schöpfungsgeschichte eingehen und dabei die Aktionen im Blick haben, die die Pädagogin anregt. Wenn Kinder sich in Steine verwandeln und sich als ‚Masse' im Raum bewegen, dann steckt dahinter eine andere Vorstellung der Deutung des Lebens vor Gott, als wenn sie sammeln, aufhäufen und zu Formen anordnen.

So ist durch Gespräche hin und her ein System aus *An-Deutungen* und *An-Eignungen* der Schöpfungsgeschichte entstanden, die sich zum Teil aufeinander beziehen. Man kann nicht jede Deutung mit jeder Methode passend machen – das wäre Krampf. Aber jede Aktion birgt in ihrer Methodenwahl auch eine kleine theologische Entscheidung – dies mit dem jeweiligen *Tages-Motiv* des Schöpfungsberichts weitgehend in Übereinstimmung zu bringen, war ein Ziel der Arbeit.

Wir danken den Kindern von der Jubilate Kindertagesstätte in Hamburg-Öjendorf sowie Emily und ihren Freundinnen für ihre (vor)bildliche Unterstützung unseres Projektes. Ihr ernsthafter Spaß an der Sache hat uns beflügelt.

Im August 2004

Angelika Hüffell und Thomas Hirsch-Hüffell

1 Der Schöpfungsbericht

Der Text

Im ersten Schöpfungsbericht der Bibel (1 Mose, Kapitel 1) heißt es:

Tag 1

Kap. 1, Vers 1 Am Anfang schuf Gott Himmel und Erde.
2 Und die Erde war wüst und leer, und es war finster auf der Tiefe; und der Geist Gottes schwebte auf dem Wasser.
3 Und Gott sprach: Es werde Licht! Und es ward **Licht**.
4 Und Gott sah, dass das Licht gut war. Da schied Gott das Licht von der **Finsternis**
5 und nannte das Licht **Tag** und die Finsternis **Nacht**. Da wurde aus Abend und Morgen der erste Tag.

Tag 2

6 Und Gott sprach: Es werde eine **Feste** zwischen den Wassern, das da scheide zwischen Wassern und Wassern.
7 Da machte Gott die Feste und schied das Wasser unter der Feste von dem Wasser über der Feste. Und es geschah so.
8 Und Gott nannte die Feste **Himmel**.
Da wurde aus Abend und Morgen der zweite Tag.

Tag 3/I

9 Und Gott sprach: Es sammle sich das **Wasser** unter dem Himmel an besondere Orte, dass man das Trockene sehe. Und es geschah so.
10 Und Gott nannte das Trockene **Erde**, und die Sammlung der Wasser nannte er **Meer**.
Und Gott sah, dass es gut war.

Tag 3/II

11 Und Gott sprach: Es lasse die Erde aufgehen **Gras und Kraut**, das Samen bringe, und fruchtbare Bäume auf Erden, die ein jeder nach seiner Art Früchte tragen, in denen ihr Same ist. Und es geschah so.
12 Und die Erde ließ aufgehen Gras und Kraut, das **Samen** bringt, ein jedes nach seiner Art, und Bäume, die da **Früchte** tragen, in denen ihr Same ist, ein jeder nach seiner Art.
Und Gott sah, dass es gut war.
13 Da wurde aus Abend und Morgen der dritte Tag.

Tag 4

14 Und Gott sprach: Es werden **Lichter** an der Feste des Himmels, die da scheiden **Tag und Nacht und geben Zeichen, Zeiten, Tage und Jahre**
15 und seien Lichter an der Feste des Himmels, dass sie scheinen auf die Erde. Und es geschah so.

16 Und Gott machte zwei große Lichter: ein großes Licht, das
den Tag regiere, und ein kleines Licht, das die Nacht regiere,
dazu auch die **Sterne**.
17 Und Gott setzte sie an die Feste des Himmels, dass sie
schienen auf die Erde
18 und den Tag und die Nacht regierten und schieden Licht
und Finsternis.
Und Gott sah, dass es gut war.
19 Da wurde aus Abend und Morgen der vierte Tag.

Tag 5

20 Und Gott sprach: Es wimmle das **Wasser** von lebendigem
Getier, und Vögel sollen fliegen auf Erden unter der **Himmels-
feste**.
21 Und Gott schuf große **Walfische** und alles Getier, das da
lebt und webt, davon das Wasser wimmelt, ein jedes nach
seiner Art, und alle gefiederten **Vögel**, einen jeden nach seiner
Art. Und Gott sah, dass es gut war.
22 Und Gott segnete sie und sprach: Seid fruchtbar und mehret
euch und erfüllt das Wasser im Meer, und die Vögel sollen sich
auf der Erde vermehren.
23 Da wurde aus Abend und Morgen der fünfte Tag.

Tag 6/I

24 Und Gott sprach: Die Erde bringe hervor lebendiges Getier,
ein jedes nach seiner Art: **Vieh**, Gewürm und **Tiere des Feldes**,
ein jedes nach seiner Art. Und es geschah so.
25 Und Gott machte die Tiere des Feldes, ein jedes nach seiner
Art, und das Vieh nach seiner Art und alles Gewürm des Erd-
bodens nach seiner Art. Und Gott sah, dass es gut war.

Tag 6/II

26 Und Gott sprach: Lasst uns **Menschen** machen, ein Bild,
das uns gleich sei, die da herrschen über die Fische im Meer
und über die Vögel unter dem Himmel und über das Vieh und
über alle Tiere des Feldes und über alles Gewürm, das auf
Erden kriecht.
27 Und Gott schuf den Menschen zu seinem Bilde, zum Bilde
Gottes schuf er ihn; und schuf sie als Mann und Frau (männ-
lich und weiblich).
28 Und Gott segnete sie und sprach zu ihnen: Seid fruchtbar
und mehret euch und füllet die Erde und machet sie euch
untertan und herrschet über die Fische im Meer und über die
Vögel unter dem Himmel und über das Vieh und über alles
Getier, das auf Erden kriecht.

29 Und Gott sprach: Sehet da, ich habe euch gegeben alle Pflanzen, die Samen bringen, auf der ganzen Erde, und alle Bäume mit Früchten, die Samen bringen, zu eurer Speise.
30 Aber allen Tieren auf Erden und allen Vögeln unter dem Himmel und allem Gewürm, das auf Erden lebt, habe ich alles grüne Kraut zur Nahrung gegeben. Und es geschah so.
31 Und Gott sah an alles, was er gemacht hatte, und siehe, es war sehr gut. Da wurde aus Abend und Morgen der sechste Tag.

Tag 7 Kap. 2, Vers 1 So wurden vollendet Himmel und Erde mit ihrem ganzen Gefüge.
2 Und so vollendete Gott am siebten Tage seine Werke, die er machte, und ruhte am siebten Tage von allen seinen Werken, die er gemacht hatte.
3 Und Gott segnete den siebenten Tag und heiligte ihn, weil er an ihm ruhte von allen seinen Werken, die Gott geschaffen und gemacht hatte.
4 So sind Himmel und Erde geworden, als sie geschaffen wurden.

Der Aufbau

Der Text verteilt seinen Stoff, die Schöpfungswerke Gottes, übersichtlich auf sieben Tage und nimmt dem Leser somit die Arbeit einer Gliederung weitgehend ab. Dennoch kann ein *Schaubild* wie das folgende die Übersicht noch verbessern.

Aufbau des Schöpfungsberichts

1. Tag
- Licht
- Finsternis

Grundlage für Leben

2. Tag
- Wasser (oben)
- Wasser unten (Flut)

3. Tag

a.
- Wasser, Meer
- festes Land

b.
- samenspendende Pflanzen
- fruchttragende Pflanzen

LEBEN erscheint

4. Tag
- Sonne
- Mond und Sterne

Ausformung von Leben

5. Tag
- Leben oben (Vögel)
- Leben unten (Wasser)

6. Tag

a.
- Vieh
- wilde Tiere

b.
- Mensch – Mann
- Mensch – Frau

Menschen-LEBEN erscheint

---

7. Tag

Sabbat – Ruhe

2 Aus Nichts eine Welt

„Es geht …"

Ein Kind hat entdeckt, wie sich der Schnee zwischen seinen Händen verdickt und Formen bildet – je nachdem wie es ihn anfasst. Die Hände wärmen den Schnee, so dass er gefügig wird. Das Kind bildet aus einer Masse eine Kugel, rollt sie, die Kugel wird größer, und es entsteht ein eigenes Werk. Erst ist nichts, dann entsteht etwas mitten aus diesem Nichts. Zum Beispiel ein Spiel mit Schnee.

Natürlich ist Schnee *schon da*. Da ist nicht nichts. Immer ist schon etwas. Bei der Schöpfung, wie sie in der Bibel beschrieben wird, war ja auch etwas da. Finsternis, Urflut und Geist, der schwebt über all dem *tohuwabohu,* wie die hebräische Sprache diesen Zustand nennt, bevor sich bildet, was wir *Leben* nennen.

Natürlich ist etwas da, aber *im Kind* ist nichts, bevor es zum ersten Mal den Schnee formen lernt: Keine Idee nun gerade einen Ball zu formen. Es probiert. Formen ergeben sich. Bis plötzlich etwas ist, das es sich nicht erdacht hat. „Es geht" – sagen die Großen dann, „ja, siehst du, es geht".

So beschreibt die Bibel z.B. Gottes Experimente, wenn er später dem ersten Menschen einen Partner geben will, „der ihm gleich sei" (1. Mose 2. Kap., Vers 18): Erst gibt er ihm Tiere, aber mit denen kann der Mensch nicht reden – Irrtum, passt nicht! Gott probiert also weiter. Nimmt einen Knochen aus Adam und macht daraus einen zweiten Menschen. Und siehe: „Es geht."

So wird man selig. Das ist ein großes Herzens-Glück, wenn etwas geht, aufgeht und nachher mehr da ist als vorher. Dabei lag alles Material bereit, nur eben noch nicht erschaffen. Noch hatte es nicht zu der Form gefunden, die unser Geist ahnte.

Das ist ein großes Geschenk. Wir können schaffen – ähnlich wie Gott.

Chaos ertragen

Wir müssen dabei leider manchmal ertragen lernen, dass erst einmal (in uns) nichts ist, bevor sich etwas ergibt. Die Idee kommt erst, wenn der Geist eine Weile über dem Tohuwabohu schwebt. Das leere Blatt Papier, bevor ich schreibe. Die Kinderhorde, die sich langweilt, und ich, der nichts einfällt, was sie sammeln könnte.

Oder die Pubertät: Nicht mehr Kind sein und noch nicht groß – ein einziges Brüten über dem Chaos, bis schlüpft, was sich verpuppt entwickelt hat: ein Erwachsener.

Die Dinge fügen sich nicht immer gleich nach unseren Ideen. Es reicht auch nicht, die allzu bekannten Methoden wieder und wieder anzuwenden. Plötzlich reicht es nicht mehr, die Kinder mit einer Geschichte zu beruhigen. Sie reagieren nicht, also bedarf es einer neuen Eingebung, sie zu konzentrieren. Diese Phase der Unruhe und Ratlosigkeit über dem Durcheinander innen und außen, die gehört dazu, wenn wirklich Neues entstehen soll.

Das haben wir in der Schule nicht gelernt. Da gibt es immer nur Lösungen oder unsere Unfähigkeit, Lösungen zu finden. Aber nichts dazwischen, kein „Schweben über den Wassern". Kaum jemand hat geduldig neben uns gewartet, bis in uns gereift ist, was wir selbst wollen.

Ich erinnere, wie meine Grundschullehrerin uns Kornähren gezeigt hat und wie auf dem Boden der Klasse plötzlich ein freies Spiel begann mit den Körnern – und sie hat es laufen lassen. Wir legten ein großes Mosaik – und sie wollte doch erklären, wie man Brot macht. Aber sie hat nicht eingegriffen. Tische wurden beiseite geschoben, die Erde in der Mitte des Klassenzimmers war frei für neue Schöpfung. Sie hat gemerkt, dass hier Brot für die Seele entsteht, wenn man uns Kinder Körner legen lässt. Chaos in den Augen derer, die zum Ziel kommen wollen. Reine Schöpfung in den Augen derer, die warten können und lieben zu sehen, was sich ergibt.

Bezogen bleiben

Unsere Lehrerin konnte für diesen Moment in Beziehung bleiben zu uns und unserem frisch entstehenden Glück. Das war ihre Schöpfungs-Kunst. Das ist kein Widerspruch zu planvollem Handeln. Sie blieb in Beziehung – wie man von Gott erzählt: „Er sah an, was er gemacht hatte, und siehe, es war sehr gut" (1. Mose, Kap. 1, Vers 31).

In dem Moment, da wir Getreidekörner so scheinbar sinnlos zu einem Bild anordneten, haben unsere Gesichter geglänzt, dessen bin ich sicher. Und auch ihres. Unsere Gesichter leuchteten in dem Maß, wie Glück im Schaffen entsteht. Das ist der Moment, wo *wir* aussehen, wie Gott uns gemeint hat. Da entstehen wir selbst, wie wir sind.

Es wird nicht einfach irgendetwas hingestellt *und fertig,* sondern was dabei im Menschen entsteht, was auf dem Gesicht und am ganzen Leib sichtbar wird, das ist selige Schöpfung.

Das ist gemeint mit: „Gott schuf den Menschen nach seinem Bilde" (1. Mose, Kap.1, Vers 27). Gott ist glücklich, wenn aus sich selbst aufgeht, was er wollte und will: Es soll etwas Eigenes unter seinen Händen entstehen, das ihm antworten kann, das selbstständig und ungeahnt reagiert, sich zu Eigenem fügt, Körnerbilder bildet und dabei auf dem Gesicht glänzt wie Gott selbst. So war es und so ist es jetzt und in Ewigkeit. Amen.

Es gibt keinen Gott, der „damals“ fertig geworden wäre. Wie langweilig. Die Schöpfung begann immer schon, und sie beginnt jetzt.

Wir können nur *schaffen,* wenn wir auf die Eingebungen Gottes horchen, die uns über das Gewohnte hinaustreiben. Das ist gemeint mit der Rede von unserer *Gottes-Beziehung* und vom *Ähnlich-Bleiben* wie Gott: Hinhören und Hinsehen auf das, was sich bilden will in und unter uns Menschen. Weiter geistig „schweben“ über allem, was uns anvertraut ist, und erwartungsvoll bleiben für Schöpfung hier und jetzt. Dabei nicht den Bezug verlieren zum Ganzen, also zu Gott. Es gibt genug Erfindungen der Moderne, die diesen Bezug verloren haben und schrecklich wirken.

Schöpfung jetzt und Schöpfung „damals“

Biblische Geschichten sind Räume, nacherzählte Erfahrungsräume von Menschen, die irgendetwas mit Gott erlebt haben. Diejenigen, die die sieben Tage der Schöpfung so aufgeschrieben haben, wie wir sie kennen, die hatten offenbar ein wunderbar rhythmisches Weltbild. Eins folgt aufs andere. Welche Ordnung im Entstehen der Dinge! Diese Weltsicht haben sie beim Schreiben ausgedehnt auf alles – das *All* – und zurückverlegt bis zu seiner Entstehung. Diese gelehrten Poeten waren ja nicht bei der Schöpfung dabei und haben Protokoll geführt. Man kann vermuten: Sie erlebten viel Ordnung in ihrem Leben – oder, ganz im Gegenteil, viel Unordnung. Darum sehnten sie sich (zurück?) nach Ordnung oder sie beschrieben Ordnung, wie sie sie kannten, und wollten sie weitergeben als Lebensform.

Wenn wir also die erste Schöpfungsgeschichte lesen, atmen wir gleichzeitig Haltungen ein, die darin wohnen:

- Die Welt ist nicht grenzenlos.
- Sie hat einen geregelten Anfang – sie kann auch geregelt weitergehen.
- Sie hat sich in nachvollziehbaren Schritten entwickelt.
- Diese Schritte sind so gewöhnlich wie unsere Woche.
- Mit unserem Rhythmus aus Wachsein und Schlafen, mit der Folge der Tage sind wir mitten im Kosmos gut aufgehoben.
- Die Sonne und alle Objekte am Himmel stammen aus einer Hand.
- Hinter allem steckt ein guter Wille.
- Es war gut gemeint, und es kann gut bleiben und gut werden.
- Gott ruht sich gern aus, weil er gern anschaut, was er geschaffen hat.

Lesen Sie die zweite Schöpfungsgeschichte der Bibel (1. Mose, Kap. 2, Vers 4b bis Kap. 4, Vers 16) – und Sie werden ganz andere Haltungen entdecken:

- Es beginnt gut, aber das Ganze ist gefährdet, und zwar durch die Menschen.
- Es gibt mitten im Vollkommenen etwas Böses (symbolisiert durch die Schlange).
- Mit dem Gefährlichen muss man leben lernen, es ist samt den Folgen nicht wegzukriegen (Vertreibung aus dem Paradies und Leben auf Dauer außerhalb).
- Es gehört schon zu Beginn der Welt offenbar dazu, dass Menschen sich überheben und Grenzen überschreiten (von der Frucht des Baumes der Erkenntnis essen als Symbol dafür).
- Diese Überschreitung führt die Menschen aus dem Paradies in die Welt der Arbeit und der Nüchternheit.

Beide Geschichten erzählen, wie man sich das *Damals* vorstellen könnte, zu Beginn der Welt, und sie erzählen ebenso, wie es *jetzt und immer* zugeht:
Nach der Lesart der ersten Geschichte geht es ordentlich zu. Diese Welt ist einer Kinderwelt vergleichbar, die sich halbwegs intakt entwickelt. Immer kommt etwas dazu, jeden Tag Neues. Aber nur so viel, wie verkraftbar ist. Jeder Tag hat einen Abschluss, und zwar einen guten. Das ganze Geschehen mündet beim Menschen, also bei mir, dem Kind. Ich, Kind, bin das beste Stück im Ganzen, und dann kommen auch andere Menschen dazu – alles fein geregelt. Danach Pause, Sonntag, Badewanne, Freispiel.

Das ist eine schöne Welt. Manch großer Mensch wird sie als zu harmlos empfinden, aber Kinder nicht. Daher ist diese Schöpfungs-Fassung der Bibel für sie so geeignet.
Die zweite Fassung der Weltentstehung z.B. ist es nicht. Die Konflikte, die sich hier auftun, sind der Welt der jungen Erwachsenen entlehnt und beschreiben sie: Wie man ein Mensch wird, Ehrgeiz entwickelt, sich ausprobiert, Grenzen überschreitet, Lust an der eigenen Macht gewinnt und sich schämt, wenn es nicht klappt. Wie man aus der träumenden Unschuld (z.B. der Kinderjahre) getrieben und ein selbstständig denkender „Erwachsener" wird mit all den Fehltritten.

Also: Sie können (ähnlich wie bei Märchen) versuchen, diese biblischen Schilderungen im Hier und Heute wieder zu entdecken. Dafür sind sie gemacht.

3 Ganz bei Sinnen: Welt erkunden und glauben

Dem Augenblick nach-sinnen

Wer sich ernsthaft mit Kindern beschäftigt und sich dem Religiösen nicht ganz verschlossen hat, weiß: Sie stehen dem Himmel näher als wir Großen. Sie haben einen eigenen, vorrationalen Zugang zum Heiligen. Sie lieben heilige Momente, wenn z.B. eine Kerze angezündet und ringsum alles still wird. Oder wenn eine Katze Junge wirft. Oder wenn ein toter Vogel begraben wird.

Dass Gott die Welt in sieben Tagen geschaffen hat, ist für sie so plausibel und selbstverständlich wie die Existenz von Engeln, die den Menschen wichtige Botschaften bringen. Viele mögen auch sakrale Räume, jedenfalls wenn sie ihnen nicht durch unsinnig strenge Verhaltensmaßregeln verleidet werden. Sie betrachten Kirchen und Kapellen freilich nicht mit ehrfürchtigem kunsthistorischem Interesse, sondern mit Neugier und einem eigentümlichen Gespür für die Geheimnisse, welche sie bergen. Wenn man sie in solchen Räumen auf Entdeckungsreise gehen lässt, so finden sie manches, was uns nicht mehr ins Auge fällt, und sie haben oft ein gutes Gespür für Plätze mit besonderer Energie.

Sie stellen mit großer Unbefangenheit Fragen, die an Transzendenz heranreichen und uns mit unserer eigenen Religiosität konfrontieren. Wer das Religiöse im eigenen Leben gar nicht pflegt, reagiert dann oft mit Scheu oder Abwehr. Oder man gibt Erklärungen, nach denen gar nicht gefragt wurde. Gefragt ist die Sprache des Herzens und nicht ein evangelisches oder katholisches oder sonst wie rechtgläubiges Bekenntnis.

Zum Beispiel

Gespräch beim Entsorgen einer verwelkten Sonnenblume

Anna (6 J.):	Warum welkt die Blume?
Petra (35 J.):	Weil sie keine Lebenskraft mehr hat.
Anna:	Was ist denn Lebenskraft?
Petra:	Lebenskraft ist Stärke aus einem Gemisch von Wasser, Erde und Licht.
Anna:	Und wie kommt sie in die Pflanze?
Petra:	Wasser und Erde werden von den Wurzeln aufgesaugt
Anna:	Haben die Wurzeln denn Sauger?
Petra:	Ja, es ist so ähnlich, wie wenn ein Baby Hunger hat und gestillt wird.
Anna:	Dann ist die Erde die Mama der Pflanze?
Petra:	Ja, man nennt sie ja auch „Mutter Erde". Aber schau mal hier … Die Pflanze wird selbst Mutter, gerade wenn sie welkt. *(Zeigt auf die Sonnenblumenkerne zwischen den verwelkten Blütenblättern).* Das sind sozusagen die kleinen

	Babys der Sonnenblume. Wenn man sie trocken werden lässt und im nächsten Frühling in die Erde steckt, dann wachsen viele neue Sonnenblumen.
Anna:	So viele? … Aber wenn die Sonnenblume die Mama ist, dann kann die Erde doch nicht die Mama sein.
Petra:	Stimmt.
Anna:	Dann ist Gott die Erde!

Soll man da nun noch etwas darauf entgegnen oder richtig stellen?

So eine einfache Frage – „Warum verwelken Blumen?“ – kann einen schon ganz schön ins Schwitzen bringen, weil sie ja viele Dimensionen berührt. Es geht aber gar nicht darum, hier naturwissenschaftlich richtige und stichhaltige Antworten zu geben, sondern sich auf ein Gespräch, auf ein gemeinsames Überlegen und Zusammenfügen von Beobachtungen und Gedanken einzulassen. Es muss nicht immer logisch sein, aber ehrlich.

Staunen

Die religiösen Bedürfnisse von Kindern möchten geachtet werden und sie wünschen sich Nahrung – zum Beispiel im Beobachten und Bestaunen von Phänomenen der Natur, wie Tau im Gras oder ein Spinnennetz, ein farbiger Schmetterling oder der Moment, wenn eine Mohnblume aufplatzt und ihre Blätter entfaltet. Die Entdeckung von kosmischen Ordnungen in Sternenbildern und Vogelschwärmen oder das Sinnieren über Wolkenformationen – all das trägt zur Stärkung von religiösen Empfindungen bei.

Damit Kinder ihrer Entdeckungen auch gewiss werden und die Beobachtungen benennen können, dafür braucht es Menschen, die anregende Fragen stellen und damit unterstützen, dass sich die kindliche Aufmerksamkeit auf etwas richten und konzentrieren kann. Das dient der Vergewisserung: „Wirklich, was ich sehe oder empfinde, stößt bei anderen auf Interesse.“ Lernen gedeiht nur in einer Atmosphäre, die Resonanz gibt.

Glauben geht nicht einher mit Dummheit und entwickelt sich auch nicht nur innerlich. Glauben entfaltet sich nicht zuletzt in der tätigen Auseinandersetzung mit der Schöpfung, mit Gott und Mensch. Glauben heißt hinsehen, heißt Hoffnung schöpfen und ausstrahlen, heißt sich als Person gemeint fühlen. Glauben heißt Trost empfangen und spenden können, bitten und danken, heißt singen und tanzen, benennen und preisen mit allen Worten, die uns zur Verfügung stehen. Glauben heißt nicht zuletzt geistesgegenwärtig handeln.

Mit unserem Konzept laden wir dazu ein, religiöse Früherziehung als eine schöpferische Pädagogik zu verstehen. Sie möchte Staunen und Andacht miteinander verknüpfen als Ausgangspunkt für schöpferische Aktivitäten, die die Kinder dazu anregen, aus der Nachahmung heraus etwas Eigenes in die Welt zu setzen.

Kein Kind will ja beim Betrachten stehen bleiben, sondern es will tätig werden, buddeln, bauen, nachahmen, abbilden, sich spüren, Dinge zu Fall bringen, aufrichten, provozieren, dass etwas passiert, Konsequenzen erleben, fummeln, zerstören, sich bewähren, balancieren, Geschicklichkeit beweisen, vorne sein, ein Ei in die Welt setzen.

Erkläre mir, und ich vergesse.
Zeige mir, und ich erinnere.
Lass es mich tun, und ich verstehe.

Diese Lehre aus dem Weisheitsschatz des Konfuzius gehört zu den Grundsätzen einer elementaren Pädagogik, die sich der Förderung des „Weltwissens“ von Vorschulkindern widmet.

Zur Lektüre empfohlen

Donata Elschenbroich, Weltwissen der Siebenjährigen. Wie Kinder die Welt entdecken können, München 2001. Auf der Grundlage einer Recherche über das Wissen, was 7-jährige Kinder nach Meinung von 150 Experten unterschiedlicher Profession erworben haben sollten, gibt dieses Buch Anstöße zur Entwicklung eines Bildungskanons für Lebenstüchtigkeit.

Ausgangspunkt unseres Projektes, das sich im Kontext dieses Bildungskanons versteht, ist die Arbeit mit den Sinnen. Die Schärfung der Wahrnehmung hilft, sich in der Welt zu orientieren. Wer einen guten Orientierungssinn hat, erkennt Vieles: Entfernungen, Ziele und Wege dorthin, Hindernisse, die Umwege erfordern.

Die Entwicklungspsychologie weiß längst, dass spätere Lernschwächen angelegt sind in einer Umgebung, die die Sinne zu wenig anregt.

Das gilt auch für religiöse Wahrnehmungen. Wer den Sinn, die innere Regung für das Gespräch mit Gott nicht anspricht, wer nicht von Gottes-Offenbarungen in ihren verschiedensten Erscheinungen erzählt, der lässt diesen Zweig in der kindlichen Seele „gnadenlos“ verkümmern.

Um religiösen Empfindungen und Erfahrungen zur Sprache zu verhelfen, ist es wichtig, den hemmenden Panzer von „richtig und falsch“ zu sprengen. Es gibt nicht die eine richtige Auslegung der Schrift. Und die von Amts wegen zuständigen Pastorinnen und Pastoren haben die Rede über religiöse Themen und die Auslegung der Schrift nicht für sich gepachtet. Wir alle haben Teil an der heiligen Schrift und ihrer Auslegung – so wie wir alle teilhaben an den Gütern, die die Erde uns schenkt. Deshalb nur Mut: Wagen Sie, von religiösen Erfahrungen zu erzählen, von solchen, die in die Bibel oder in Legenden aufgenommen wurden, aber auch von eigenen, selbst wenn sie Ihnen halbgar und fraglich erscheinen.

Bewahren

Wenn in kirchlichen Zusammenhängen in den letzten Jahren von Schöpfung die Rede war, so meist unter dem Vorzeichen und mit dem Postulat: „Bewahrung der Schöpfung!" Und das zu Recht.

Unser Ansatz liegt *davor*: Wahrnehmen, Benennen, Erkunden und Lobpreisen der ungeheuren Vielgestaltigkeit der Schöpfung ist die Basis für Verantwortungsgefühl. Sich in einen Stein, in eine Pflanze, in ein Tier hineinversetzen, das schafft die Voraussetzung für Einfühlungsvermögen, Achtsamkeit und das Bedürfnis, sich einzusetzen für den Erhalt von frischem Wasser, reiner Luft und nicht genmanipulierter Nahrung. Nur was man kennt, das liebt man, und nur was man liebt, dafür kämpft man dann auch.

4 Miteinander

Ein „Spielprojekt Schöpfungsgeschichte" kann auf der Grundlage unseres hier vorgestellten siebengliedrigen Fächers in ganz verschiedenen Formen durchgeführt werden. Wir haben den Schöpfungstagen jeweils einige Grundgedanken und verschiedene Aktivitäten sowie Verwandlungs- und Gestaltungsspiele zugeordnet, die als Mosaiksteine zu verstehen sind. Je nach dem eigenen Vorhaben und Arbeitszusammenhang können Sie diverse Steine auswählen und zu einem eigenen Mosaik zusammenfügen.

Mit Bedacht sind die Elemente so gewählt, dass ein in sich schlüssiges Profil erkennbar ist. Aber es wird sich nur in wenigen Organisationsformen der Kinderarbeit genau so durchführen lassen.

Bei der Konzeption haben wir folgende *Zielgruppen und Anlässe* vor Augen gehabt:

- Kindergarten
- Jungschar
- Kinderkirche
- Kinderkirchentag
- Kinderbibelwochen
- Schulprojektwochen
- Kindergeburtstag

Kindergarten (Kinder ab 4 1/2 Jahre)

Denkbar ist hier ein Projekt, das sich über etwa drei Monate hinzieht (z.B. von Ostern bis zu den Sommerferien) mit einer Projektzeit von etwa 1 1/2 Stunden pro Woche.

Dafür kann man sich die Schöpfungstage in Einheiten aufteilen und für manchen Schöpfungstag auch zwei Einheiten verwenden.

Als Raum eignet sich der Bewegungs- bzw. Gymnastikraum. Für manche Kindergärten liegt auch die Kirche nahe, vorausgesetzt sie gewährt genug Freiraum für solche Aktivitäten.

Um diese Zeit zu einer besonderen Stunde zu machen, empfiehlt es sich, sie immer mit einem kleinen Ritual zu beginnen und zu enden.

Oder Sie gestalten ein Sieben-Wochen-Projekt mit einem Projekttag pro Woche und einem Abschlussfest im Rahmen eines Familiengottesdienstes am Sonntagmorgen.

Viele Kindergärten haben in den letzten Jahren spielzeugfreie Zeiten in den Kanon der Gruppenaktivitäten mit aufgenommen. Die Kinder werden dadurch angeregt, ihr eigenes Spiel zu entwickeln.

Unsere Anregungen für Spielprojekte zur Schöpfungsgeschichte lassen sich gut im Rahmen einer spielzeugfreien Zeit durchführen.

Jungschar (Kinder zwischen 7 und 11 Jahre)

Auch hier empfehlen sich sieben wöchentliche Treffen, das Abschlussfest am siebten Tag sollte vielleicht intern sein.

Kinderkirche (altersgemischt, von 5 bis 11 Jahre)

Wo es allwöchentlich Kinderkirche gibt, wird man die Tage auf sieben Wochen verteilen. Das sollte aber angekündigt werden, damit viele Bescheid wissen.

Findet die Kinderkirche monatlich statt, wird es kaum sinnvoll sein, sieben Monate lang dieses Thema zu behandeln.

Wir empfehlen dafür *eine* Kinderkirche von drei Stunden. Sie gestalten die *kleinen Welten* (siehe Seite 124) zu den sieben Tagen in sieben Schaukästen, dafür brauchen Sie sieben Helfer/innen und 20 – 40 Kinder. Mögliche Abfolge: Einstieg im Plenum – Gruppenphase einschl. Pause , Essen und Spielen – Präsentation im Plenum und Segen.

Kinderkirchentag (überregional)

Für jeden Tag wird eine Gruppe angeboten, die ein Element ihrer Aktivitäten am Ende präsentiert. 2 1/2 Stunden Gruppenarbeit reichen, um etwas Gutes auf die Beine zu stellen und die Kinder in „ihrem“ Tag aufgehen zu lassen. Der Beginn wird im Plenum stattfinden und rituelle Elemente enthalten, ebenso das Ende mit den Präsentationen.

Kinderbibelwoche

Die ideale Aufteilung, in einer Kirchengemeinde z.B., wäre natürlich die Woche: Montag bis Sonntag – und alle Tage werden 1:1 wie in der Bibel zelebriert. Am Sonntag erfolgt dann die Feier/der Gottesdienst und darin der Rückblick auf alles. *Und siehe, es war sehr gut.*

Schulprojekttage (Grundschule)

Montag bis Freitag legen sich nahe – entsprechend verteilt wie bei der Kinderbibelwoche. Freitag Nachmittag vielleicht das Fest.

Schöpfungstage im „Doppelpack“. Es ist natürlich auch möglich, an einem Kinder-Tag mehr als einen Schöpfungstag zu behandeln bzw. zu begehen. Schade ist allerdings, dass dabei der einprägsame Tagestakt verloren geht. Wie dem auch sei: denkbar und machbar ist beispielsweise folgende Aufteilung.

Mittwoch	1. und 2. Tag
Donnerstag	3. und 4. Tag (mit Übernachtung)
Freitag	5. und 6. Tag
Samstag	Zusammentragen und Dokumentieren, was in den vorangegangenen Tagen entstanden ist. Vorbereitung für Sonntagsgottesdienst mit Abschlussfest.
Sonntag	Familiengottesdienst und Fest zum Abschluss des Schöpfungsprojektes.

Kindergeburtstag

Hier lassen sich nach Belieben verschiedene Aktivitäten auswählen zu einem Programm für ein kreatives Fest.

Zwei Lieder

Der Himmel im Herz

Text und Melodie: Th. Hirsch-Hüffell

Als Kehrvers zu singen zwischen Gebeten oder Aktionen.

In sieben Tagen

Text und Melodie: A. Hüffell

2 In sieben Tagen schuf Gott die Welt,
das hat er wunderbar bestellt.
Ein Gewölbe steigt nach oben.
Während noch die Wasser toben,
ist der Himmel am Entstehn –
doch ein Mensch war nicht zu sehn.

3 In sieben Tagen schuf Gott die Welt,
das hat er wunderbar bestellt.
Endlich kamen dann die Pflanzen,
Bäume, Moos und Pomeranzen.
Wälder wuchsen um die Seen –
doch ein Mensch war nicht zu sehn.

4 In sieben Tagen schuf Gott die Welt,
das hat er wunderbar bestellt.
Sonne, Mond und auch die Sterne,
Sommer, Winter nah und ferne,
Tage, Nächte kommen, gehn –
doch ein Mensch war nicht zu sehn.

5 In sieben Tagen schuf Gott die Welt,
das hat er wunderbar bestellt.
Vögel fliegen nun am Himmel
und im Meer gibt's ein Gewimmel.
Auch der Hahn beginnt zu krähn –
doch ein Mensch war nicht zu sehn.

6 In sieben Tagen schuf Gott die Welt,
das hat er wunderbar bestellt.
Tiere sprangen über Felder
und bevölkerten die Wälder
und dann plötzlich – oh wie schön! –
war der erste Mensch zu sehn.

7 In sieben Tagen schuf Gott die Welt,
das hat er wunderbar bestellt.
Und am siebten Tag wird's stille.
Gott bestaunt die ganze Fülle,
lacht erschöpft und sagt: „Gebt Acht,
was ihr nun mit allem macht."

Was wir miteinander tun

5 Schöpfungstage

Die hier vorgestellten Aktionen, Spiele, Übungen und Rituale sind gedacht als Anregungen und Impulse. Man kann sie nur zum Teil genau so übernehmen, wie es im Buch steht. Im schöpferischen Tun gibt es keine Kopie. Wichtig ist, sich die *Idee einer Spiel-Aktion* zu Eigen zu machen und dann auf der Grundlage der eigenen Erfahrungen und der Gegebenheiten vor Ort die Gedanken spazieren gehen zu lassen und Material zu sammeln.

Sie brauchen für solche Projekte *Verbündete*, die mitdenken, die Vorbereitungen mittragen und die Durchführung unterstützen. Das können ehrenamtliche Helfer sein, interessierte Mütter und gern auch Väter. Sie müssen nicht selbst anleiten, aber – wissend, worum es geht – den Prozess begleiten.

Vorbereitung

Solch ein Projekt braucht gute *Vorbereitung*. Vieles müssen Sie vorher selbst ausprobieren, um den Sinn der Aktion beim Tun besser zu verstehen und um die Tücken kennen zu lernen. Dann können Sie sich besser absichern und dafür sorgen, dass alles beieinander ist, was Sie brauchen. Manchmal fehlt die Verlängerungsschnur – und schon ist eine ganze Spieleinheit kaputt.

Wer solch ein Projekt noch nicht durchgeführt hat, sollte für die Vorbereitung einige Zeit einplanen. Wir sagen das nicht zur Abschreckung, sondern weil wir Ihrem Projekt viel Erfolg wünschen. Zum Gelingen gehört eine besondere Sorgfalt.

Gewinn

Dafür wird man aber auch *belohnt:*

- Das professionelle Selbstbewusstsein wächst mit jedem qualitativen Fort-Schritt.
- Man steigt aus dem beruflichen Alltagstrott. Der strengt durch inhaltliche Unterforderung oft mehr an als ein (arbeits-)intensiveres Projekt, das reiche Erlebnismöglichkeiten bietet.
- Man spürt ein neues, kribbelndes Interesse bei sich, bei beteiligten Kollegen und auch bei den Kindern.
- die eigene Inspiration steckt oft an und man trifft ganz unvermutet auf Verbündete, wo man sie nicht erwartet hat.
- Dank erfährt man oft eher indirekt. Aber die Kinder fragen interessierter, und Sie selbst kommen auf neue Fragen und fühlen sich dadurch lebendiger.

- Auch mit religiösem Halbwissen oder der Abneigung gegen allzu geprägte konfessionelle Frömmigkeit können Sie in diesem Projekt mit den Kindern zusammen einen Zugang zu elementaren Fragen religiöser Existenz finden, ohne sich zu verbiegen.

Anforderungen

Bei all den positiven Auswirkungen muss noch einmal die Seite der *Anforderungen* angeschaut werden. Wir möchten sie an einem Beispiel aufzeigen:

Zum Beispiel

Das Spiel mit den Bettwäschen-Steinen (s. Seite 67)

Folgende *Vorbereitungsschritte* sind dafür sinnvoll bzw. nötig:

- Elternbrief oder Aushang mit der Bitte um alte einfarbige Bettbezüge 45 Minuten
- Stofffarbe und Schaumstoffisolierstangen besorgen 1 Stunde
- Färben (3 Farben) und Wäsche auf- und abhängen 3 Stunden
- Geeignete Musik auswählen 30 Minuten
- Selbst ausprobieren, wie man sich in einem Bettwäschenbezug als Stein bewegt 30 Minuten
- Sicherheitsnadeln mit Kindersicherung besorgen 1 Stunde

und unmittelbar vorher:

- Raum richten, Musikanlage bereitstellen, Geschichte noch mal lesen 1 Stunde

Zieht man die Bilanz – **7 Stunden vorbereiten für max. eine Stunde Spiel** – dann wird klar, dass man die Arbeit im Team verteilen muss. Einiges lässt sich an Eltern abgeben (z.B. das Färben). Dies zu organisieren, kostet wiederum etwas Zeit – aber Sie sind im Kontakt mit anderen und werden dabei auch andere Dinge besprechen können.

Weizenfelder. Unter den Aktivitäten, die wir vorstellen, gibt es auch solche, die einen längeren Vorlauf haben. Zum Beispiel die kleinen Weizenfelder, die wir als Vorbereitung für den 3. Schöpfungstag vorgesehen haben (siehe S. 73). Die müssen etwa 14 Tage vorher eingesät und sorgfältig feucht gehalten werden. Wir denken, das sollte man unbedingt an die Elternhäuser delegieren. Das bedeutet an Arbeitsaufwand für den Elternbrief mit Anleitung etwa 1 Stunde. Dazu sollten Sie *ein* Weizenfeld möglichst im Kindergarten oder in der Schulklasse einsäen und tägl. versorgen. – Macht 1 Std. + 14 × 5 Min. (zusammen mit den Kindern – das ist dann auch eine gute Gedächtnisstütze für ihr Zuhause.)

Technik

Übrigens beziehen wir in unserer Arbeit bewusst technisches Gerät mit ein. Sie können mit den neuen Medien kreativ arbeiten und müssen nicht nur Vorgefertigtes abspulen. Die Bedienung dieser Apparate wird einfacher.

Wenn kein Tageslichtprojektor oder Beamer in der Einrichtung vorhanden ist, so sind sie in der Regel gegen geringe Leihgebühr bei Landesmedienzentralen u.ä. Einrichtungen auszuleihen. Für das Überspielen von Digitalfotos auf einen PC können Sie sicher Eltern ansprechen.

Anleitung

Lesen Sie bitte nichts ab! Ihre Anleitungen kommen am besten an, wenn Sie sie in Ihrem persönlichen Stil geben und möglichst immer mit eigenen Sprachbildern anreichern; das macht alles plastischer und lebendiger.

Nichts ist so knöchern wie aus dem Lehrbuch lehren oder gar Anweisungen zur Meditation *vorlesen* – und es sichert leider nicht gegen Fehlschläge ab. Zu sagen (und sich darauf zu verlassen): „Aber ich habe es doch genauso gemacht, wie es dort beschrieben stand!", bewahrt keineswegs vor Scheitern. Die Verantwortung für das Gelingen liegt immer bei Ihnen selbst.

Zur Eigenverantwortung und künstlerischen Freiheit gehört, dass auch mal was schief gehen darf. Kreative Prozesse rechtfertigen sich nicht durch repräsentativen Erfolg. Immer wenn etwas nicht klappt wie geplant, entstehen neue Lernfelder. Diese Erfahrungen sind existenziell wichtig für Kinder – aber auch für große Menschen. Also: nur Mut zur Panne!

6 Rituale

Wir schlagen Ihnen im Folgenden mehr Rituale vor, als Sie im Verlauf eines Tages oder Vormittags verwenden können. Sie müssen wählen.

Sie finden sowohl eher christlich geprägte Formen als auch freiere. Sie können beides so mischen, dass Sie Ihrer Umgebung und Gesinnung gemäß handeln. Die geprägten Formen sind so gewählt, dass sie die Kinder zu nichts „zwingen". Sie legen nahe, etwas zu tun und dabei in sich zu horchen, was entsteht.

Wir empfehlen Ihnen, die Aktionen zum Thema des Tages mit je einem Ritual zu beginnen und zu beenden. So wird Ihre Kreativität und die der Kinder eingefasst in einen wiederkehrenden Rhythmus, der auch in der Schöpfungsgeschichte auftaucht. Dort heißt es z.B. immer wieder: „Und Gott sah, dass es gut war" oder „So wurde aus Abend und Morgen der … Tag".

Grundsätzliches

Rituale leben davon, dass sich mindestens zwei Drittel der Elemente wiederholen. Ein Drittel kann variabel oder neu sein.

Rituale schaffen Voraussetzungen für einen Fluss des gemeinsamen Handelns, weil sie nicht immer neu begründet werden müssen. Man kann sich hineinbegeben, braucht nicht immer alles verstehen, bleibt aber in Verbindung mit den anderen, die das Gleiche praktizieren, mit Gott und dem Gottesdienst.

Rituale helfen bei der Aneignung komplexer Heilsbotschaften. Was als steter Vorgang immer wieder rituell vollzogen wird, prägt sich ein und trägt in selbstverständlicher Weise, ohne dass man darüber nachdenken muss. Das gilt für Gruppen wie für Einzelne.

Zum Beispiel

Wer jeden Morgen seinen Atem reguliert und dabei ein geistliches Wort zusammen mit dem Atmen „wiederkäut", wird dies Mittel zur Balance der Seele auch in kritischen Situationen außerhalb dieses Rituals erinnern und anwenden. Schließlich wird vielleicht sogar die ganze Person in ihrer Grundhaltung besser ausbalanciert.

Dazwischen haben andere, einmalige und spontane Aktionen und Reden Platz. In der Abwechslung beider Formen, der rituellen und der spontanen, liegt ein Geheimnis einer guten Gottesdienstkultur für Große wie Kleine.

Ein Ritual lebt von sorgsam gestalteter Einführung und von der Wiederholung:
Überlegen Sie, ob Sie das Ritual regelmäßig wiederholen können und wollen, ohne sich und die anderen zu überfordern. Wenn Sie alle paar Wochen neue Rituale einführen, schaffen Sie keine Basis für Vertrauen in den Ablauf. Sie reißen ja auch nicht monatlich Ihre Tapete von der Wand und ersetzen sie durch eine neue.

Überlegen Sie genau, wie das Ritual verlaufen soll, und vollziehen Sie es vorher probehalber real im Raum, sonst vergessen Sie wichtige Kleinigkeiten. Die sollen möglichst immer die gleichen sein. Besonders Kinder achten darauf, aber auch Große.

Zum Beispiel

Wenn man am Anfang eines Gottesdienstes Kerzen in der Sandschale anzünden lässt, muss sie gut stehen, erreichbar sein, eine Anzündekerze muss brennend in Sand stehen, kleine Kerzen müssen greifbar daneben liegen, das Arrangement muss den Raum zentrieren, darf also nicht in einem entlegenen Winkel des Raumes stehen, wo es keine Bedeutung hat, es müssen genug Kerzen für alle und ein paar zusätzliche da liegen. Und Sie müssen überlegen, mit welchen Worten Sie einleiten. Beim ersten Mal müssen Sie vielleicht mehr sagen, später werden Sie knapp sein, denn man kennt sich aus. Wer neu dazu kommt und sich noch nicht auskennt, wird an den anderen sehen, wie es geht.

Eine mögliche Einleitung

Am Anfang unseres Gottesdienstes ist Gelegenheit, eine Kerze anzuzünden. Für sich selbst. Für jemanden, der es braucht. Vielleicht für beide. Wenn alle, die das wollen, fertig sind, schweigen wir einen Moment und lassen uns von Gott anschauen, wie wir hier sind.

Rituale am Anfang einer wiederkehrenden Veranstaltung sollten gleich sein, damit man wieder erkennt, wo man ist. Ebenso die Rituale am Schluss und bei den Übergängen (z.B. Wechsel zum inhaltlichen Teil oder Wechsel von Plenum und Gruppe). Dazwischen können Sie variieren und spontan sein.

Sie sollten innerhalb eines Kindergottesdienstes nicht weniger als drei, aber auch nicht mehr als sieben feste und dauernd wiederkehrende Rituale einbauen. Sonst stellen Sie sich mit lauter Zwängen zu, die Sie immer wieder erfüllen müssen. Man kann eine Veranstaltung „überformen“ durch zu viele Rituale. Wo sich aber nichts wiederholt, entsteht weder Struktur noch Heimat.

Gute Rituale sind schlicht. Ein Segensspruch z.B., den man langatmig auswendig lernen muss, der vielleicht noch mit zehn verschiedenen Bewegungen verbunden ist, prägt sich nicht ein. Wählen Sie eine Geste, die nicht mehr als drei Einzelteile hat, und strukturieren Sie den Spruch so, dass er in maximal drei kleinen Abschnitten zu sprechen ist. Wählen Sie zum Segen ruhig die alten Worte der Bibel. Die sind für fast alle neu.

Zum Beispiel

Segen (Ich-Form als Segen, der anderen zugesprochen wird; Du-Form als Gebet um den Segen in Kreisform)

Gott segne dich/uns und behüte dich/uns.
Gott lasse leuchten sein Angesicht über dir/uns.
Gott erhebe sein Angesicht auf dich/uns und gebe dir/uns Frieden.

- Dazu reicht eine einzige Geste, die durchgehalten wird (nach oben offene Hände in den offenen Händen der Menschen rechts und links o.ä.).
- Oder Sie finden einen Ablauf von drei Gesten (eine für jeden Abschnitt), die auseinander hervorgehen.
- Die Beteiligten können dazu auch auf einem Ton summen, Sie sprechen oder singen auf einem Ton darüber.
- Wenn Sie alle Einzelheiten eines Spruches durch entsprechende Bewegungen illustrieren wollen, nehmen Sie unter Umständen dem Ritual Tiefe und Eindrücklichkeit.

Verboten: Erklärungen beim Ritual. Nehmen Sie folgende „Karikatur" als Beispiel dessen, was auf keinen Fall geschehen darf: „Die Kerzen am Anfang bedeuten, dass wir alle fröhlich sind und Gott uns ein Licht aufsteckt. Der Sand ist wie der Sand des Meeres, das Gott gemacht hat, und wir alle stecken darin. Wenn wir unsere Kerzen anzünden, dann bedeutet das, dass unser Glaube und unsere Hoffnung auch entzündet werden durch seinen Heiligen Geist."

Entweder ein Ritual leuchtet von selbst ein, oder es stimmt nicht (dann lässt man es weg, versucht es neu zu verstehen oder ändert es). Ein Ritual lebt davon, dass seine Bedeutung „unscharf" bleibt. Die Bedeutung entsteht in den Menschen von selbst – jeder macht sich seinen eigenen Reim darauf.

Kein Pastor und keine Gottesdienstleiterin hat das Recht, ein Symbol oder ein Ritual für alle zu deuten. Dadurch redet er oder sie es „platt". Man erklärt seiner/m Liebsten ja auch nicht, warum man sie/ihn küsst. Trotzdem spürt man eine bestimmte Grundbedeutung oder einen Bedeutungsrahmen. Der darf nicht im Einzelnen erläutert werden, sonst ist das Geheimnis weg. Hauptamtliche in der Kirche neigen zu solchen

Erklärungen, weil sie der Wirkung ihres klaren und wortlosen Handelns im Ritual selbst nicht trauen und weil sie die Vielfalt von Wirkungen in den verschiedenen Menschen schlecht ertragen.

Also

Legen Sie die Hände auf, zünden Sie Kerzen an, sprechen Sie Segensworte, tanzen Sie, aber hüten Sie sich vor Erklärungen dabei. Halten Sie den Mund und segnen Sie. Die Menschen sind weder blöd noch gefühllos.

Wenn Sie ein Ritual eingeführt haben, soll es auch in regelmäßigen Abständen wiederkehren. Rechnen Sie in Zeiträumen von Monaten. Neun Monate braucht es bis zur Geburt, neun Monate braucht der Mensch in der Regel, bis er etwas so in sein Gefühl und seine Haltung übernommen hat, dass er darüber nicht immer neu nachdenken muss.

Einerseits: *Wenn Rituale „hohl" werden,* also nur halbherzig oder unkonzentriert vollzogen werden, dann kann es an Ihnen liegen. Vielleicht sind Sie nicht bei der Sache. Prüfen Sie sich. Es kann auch sein, dass man zu lange immer das Gleiche getan hat. Dann kann man etwas ändern. Aber nicht gleich alles. Manchmal reicht eine Kleinigkeit im gleichen Ritual, die anders ist, um das Ganze zu beleben. Manchmal muss das Ritual allerdings auch ganz verschwinden – vielleicht wird es nach längerer Zeit wieder ausgepackt und lebendig.

Andererseits: Im Prinzip werden Rituale auf Dauer *immer nur „halb" vollzogen.* Wenn Sie Ihrem Kind zum Abschied immer die Hand über den Kopf streichen wie zum Segen und „mach's gut" sagen, dann wird das über die Jahre nicht mit der gleichen Innigkeit geschehen wie beim ersten Mal, aber es wird deswegen nicht an Bedeutung verlieren. Das Kind wird sich daran immer erinnern, vielleicht gerade dann, wenn Sie nicht da sind.

Seien Sie nicht „super-authentisch". Viele wichtige und gewohnte Dinge tut man beiläufig. Man kann trotzdem wach dabei sein und muss nicht gleich alles ändern, bloß weil mal einer gähnt.

Wir sind im Ganzen zu meditativ und zu brav in der Kirche. Seien Sie ruhig frecher und lauter. Das Interesse vieler Ritualisierungen in unseren Gottesdiensten geht daraufhin, Menschen einzugliedern in eine gute Ordnung. Diese Ordnung ähnelt aber manchmal einem Käfig. Alles muss in der Mitte sein, alles muss so laufen, wie wir uns das überlegt haben, alles soll still sein, konzentriert, manierlich. Ritual, Artigkeit und meditative Stimmung werden fast immer gleichgesetzt.

Jeder und jede kennt aber auch Rituale, die Kraft und Lärm provozieren. Die gehören genauso in die Kirche wie die stillen Bräuche. Stampfen, Tanzen, rhythmisches Bewegen und Klatschen, Rufen – das ist in vielen Kulturen Bestandteil religiösen Rituals, bloß in Nordeuropa nicht. Hier herrscht viel falsche Scheu. Kirche ist nicht nur artig und still, sondern auch frech und laut.

Etliche Lieder aus Kinderbibelwochen und Kinderkirchentagen versuchen da einen guten eigenen Weg.

Der Raum

Günstig sind: Teppiche, auf der Erde sitzen, aufblasbare Weltkugel für die Schöpfung, Kerzen oder Sandschale mit vielen Kerzen, Kreuz, andere Symbole (etwas zum Thema des Tages, ein Gruppensymbol etc).

Wenn das Ritual in der Kirche stattfindet, räumen Sie die Bänke aus der Mitte weg, legen Teppiche aus und setzen Sie sich mit den Kindern auf die Erde im Kreis oder 3/4-Kreis. Am Rand können Große sitzen (die übrigens gern dazukommen, weil sie den Gottesdienst für Erwachsene unverständlich finden).

Vielleicht bietet der Altarraum genügend Platz, so dass Sie die Bänke lassen können, wo sie sind. Weichen Sie nicht in eine Nische oder in den Vorraum der Kirche aus – da, wo alle Großen sonst auch Gottesdienst feiern, da sollen auch die Kleinen sein: *in der Mitte.*

Wenn Kinder in Kirchen-Bänken frontal von vorn beschallt werden, dann ist jede spirituelle Atmosphäre verloren. Menschen (auch große) nehmen Religion durch die Zwischentöne, durch wiederkehrende Lieder und Sätze auf – weniger durch erdachte Rede.

Halten Sie das Ritual in einem anderen Raum, dann gelten ähnliche Regeln – meist ist die Raumgestaltung freier möglich.

Christliche Elemente für den Anfang

- Der *Puls* der Welt, der Herzschlag Gottes. Gemeinsam einen Rhythmus halten über 1–3 min; als Hilfsmittel eine Trommel verwenden; Kinder klatschen dazu oder singen ‚bom-bom-bom', stehen vielleicht und schwingen. Dazu einen rhythmischen Vers, z.B. „Gott hält die Welt in seiner Hand."
- *Lied* (immer das gleiche!) am Anfang. Hier: der „Schlager" des ganzen Projekts oder ein Begrüßungslied

- *Namenrufen.* Jedes Kind sagt den eigenen Namen, und die anderen Kinder wiederholen ihn im Chor mit einem Spruch.

Zum Beispiel

Eine: Anna.
Alle (*Lautstärke und Tempo steigern sich während des Verses, Betonung auf den unterstrichenen Wörtern*):

Hallo Anna,
du bist hier, und wir sind hier,
wir sind hier, und Gott ist hier.
Gott sei Dank!

- *Hören auf Gottes Geheimnis mit den Händen.* Das geht so:

- *Ansage:* Wir halten unsere Hände vor uns, sie bilden eine Schale. Wenn die Glocke klingt, fällt vom Himmel leise ein unsichtbares Geheimnis in unsere Hände, und wir fangen es ganz still auf.
- Glocke (Klangschale, Röhrenglocken, Zimbel)
- „Geheimnis empfangen" mit den Händen, die sich zu einer Schale formen.
- 15 Sekunden Stille
- *Ansage:* Jetzt schließen wir die Hände um das Geheimnis, wir legen sie gegeneinander. – Ganz still bitten wir jetzt Gott, was wir uns schon immer gewünscht haben. Ganz fest.
- Stilles Beten – 20 Sekunden
- Am Ende laut miteinander auswendig beten:

Wo ich gehe, wo ich stehe,
bist du lieber Gott bei mir.
Wenn ich dich auch niemals sehe,
weiß ich immer: Du bist hier.
Amen.

oder

Manchmal kommt mir in den Sinn,
dass ich lebe, dass ich bin.
Lieber Gott - das kommt von Dir,
heute sag ich Dank dafür."
Amen.

- *Ansage:* Wenn wir die Hände einen Spalt breit öffnen, dann können wir das Geheimnis noch sehen zwischen den Händen. Schaut mal hinein. Aber heimlich und ohne es zu zeigen.
- Schauen – 10 Sekunden
- *Ansage:* Jetzt öffnen wir die Hände und lassen es wieder zum Himmel fliegen.
- Öffnen der Hände.

Christliche Elemente für den Schluss

Am Ende stehen Sie am besten im Kreis. So können sich alle noch einmal sehen, bevor sie auseinander gehen. Dabei geschieht etwa Folgendes:

- Sie singen gemeinsam ein *Lied,* das das Thema aufnimmt.

Sie beten gemeinsam das *Vaterunser.*

Dann folgt der *Segen.* Sie stehen im Kreis. Die Schultern sollen einander fast berühren. Wenn Sie noch zu weit auseinander stehen, gehen alle einen oder mehrere kleine Schritte nach vorn.

- Ansage: Die rechte Hand sucht und findet einen Rücken, aber nicht den eigenen.
- Alle tun das.
- Ansage: Nun verweilt die Hand dort einen Moment. – 5 Sekunden Stille –
- Ansage: Gott ist in dieser Hand mit uns, wohin wir auch gehen.

Segen

Gott segnet uns und behütet uns.
Gott lässt das Angesicht über uns leuchten und ist uns gnädig.
Gott erhebt das Angesicht über uns und gibt uns Frieden.

Alle: Amen.

Zum Schluss singen alle ein *Segenslied.*

Fünf-Sinne-Eingangs-Ritual

Als Zeichen für den Beginn eines neuen Projektteiles im Sinne einer Ouvertüre und einer gemeinsamen Einstimmung auf das Kommende empfehlen wir ein wiederkehrendes Ritual, das Fünf-Sinne-Eingangs-Ritual.

Dafür braucht man:

- Kerze mit Untersetzer, Streichhölzer;
- Räucherharze (z.B. Weihrauch) mit etwas Kohle in einem Schälchen oder ein Fläschchen mit Rosenwasser bzw. einem anderen biblischen Duft;
- ein Musikinstrument (Klavier, Gitarre oder Melodie-Instrument) und die Liedtexte (natürlich nur bei Schulkindern);
- einen oder zwei Teller z.B. mit getrockneten Aprikosen, Apfelringen und Nüssen;
- Text der Schöpfungsgeschichte;
- Ein Material, das bei dem Schaffen des Tages eine Rolle spielen wird;
- Decken, Kissen oder Stühle zum Sitzen.

 Bei Schulkindern können die Liedtexte schon verteilt werden.

Und so läuft es:

Alle setzen sich im Kreis zusammen.

Tasten. Wir fassen uns an den Händen und ein bestimmter Händedruck (wie Morsezeichen) geht von Nachbar zu Nachbar (z.B. kurz, kurz, lang).

Sehen. Franziska darf heute die Kerze anzünden.

Riechen. Imre darf ein Räucherstäbchen schwenken oder jedem ein paar Tropfen von dem biblischen Wasser auf eine Handfläche geben. Alle verreiben den Duft und halten die Hände einen Moment vor die Nase.

Hören. Währenddessen kann schon die Gitarre die Melodie vom Schöpfungs-Lied erklingen lassen. Alle singen dann gemeinsam das Schöpfungslied.

Schmecken. Ein oder zwei Teller mit getrockneten Aprikosen, Apfelringen und Nüssen wandern von einem zum anderen oder werden von zwei Kindern herumgereicht. Jede und jeder darf sich etwas nehmen.

Wenn der Ablauf schon etwas eingeübt ist, lässt sich dieser erste Teil vielleicht auch im Stehen durchführen. Doch für den folgenden Teil setzen sich alle, sonst wird es zu unruhig.

Nun wird der Teil der *Schöpfungsgeschichte,* der Thema des Tages ist, gelesen und (kurz) besprochen.

Mithilfe der Vorstellung von einem Materialteil wird Geschmack und Interesse für das Kommende geweckt.

Die Siebenzahl

Die *Sieben* ist eine besondere Zahl. In der christlichen Numerologie steht sie für Vollkommenheit, da sie sich aus *Drei,* die Zahl für das Göttliche, und *Vier,* die Zahl für das Weltliche, zusammensetzt. Eine weitere Zahl, die Vollkommenheit symbolisiert, ist die *Zwölf,* die Multiplikation von drei und vier.

- Es gibt die *sieben* Schöpfungstage, den *siebten* Tag der Woche als heiligen Ruhetag, die *sieben* Sakramente und die *sieben* Gaben des heiligen Geistes.
- Das Vaterunser besteht aus *sieben* Bitten. Die ersten *drei* beziehen sich auf das Göttliche, die folgenden *vier* drehen sich um das Leben der Menschen.

- Entsprechend der gemeinsamen Wurzel hat die Sieben auch in der *jüdischen Religion* besondere Bedeutung: das spiegelt sich in der Menora, dem *siebenarmigen Leuchter*, und in einem Hauptgebet der Juden, das sich *Siebengebet* nennt.
- In der *Mythologie* spielt die Sieben eine herausragende Rolle, man denke nur an die *Sieben Zwerge* hinter den sieben Bergen, an *Sieben auf einen Streich*, die *Siebenmeilenstiefel*, die *Sieben Raben*, die *Sieben Schwaben*, die *Sieben Weltwunder*.
- In der *anthroposophischen Menschenkunde* spielen die *Jahrsiebte* bei der Betrachtung einer menschlichen Biographie eine wesentliche Rolle.

Vor diesem kulturgeschichtlichen Hintergrund scheint es uns sinnvoll, den Übungen, die wir anbieten, immer wieder die Sieben zugrunde zu legen. Sieben Wiederholungen, sieben Schritte einer Übung etc.

7 Unsere sieben Schöpfungstage

TAG 1

Urflut – Finsternis – Licht

Am Anfang schuf Gott Himmel und Erde.
Und die Erde war wüst und leer, und es war finster auf der Tiefe;
und der Geist Gottes schwebte auf dem Wasser.
Und Gott sprach: Es werde Licht! Und es wurde **Licht**.
Und Gott sah, dass das Licht gut war. Da schied Gott das Licht
von der **Finsternis**
und nannte das Licht **Tag** und die Finsternis **Nacht**.
Da wurde aus Abend und Morgen der erste Tag.

Lauschen, wie alles beginnt

Am Anfang aller Schöpfung ist *Tohuwabohu*. Das ist das hebräische Wort für Wirrwarr. „Wüst und leer" steht in der Lutherbibel. „Urflut". Welcher unserer Sinne nimmt am besten diesen Beginn der Welt wahr – und welcher Sinn bringt am besten unsere Fantasie, also die Schöpfung in uns zum Klingen?

Das *Auge* unterscheidet scharf. Es gleicht dem Verstand, der die Dinge voneinander absetzt, analysiert, sie nebeneinander hält, um sie gut zu unterscheiden. Das ist dran, wenn sich die Erde entwickelt und sich Pflanzen und Tiere bilden, also später.

Das *Ohr* ist offen für den Klang, der noch nichts bedeutet. Der Fötus hört viel früher als er sieht, die Geräusche der Welt, und zwar sehr laut. Einen Reim drauf kann er sich noch nicht machen.

Wir möchten den Kindern am Anfang nahe legen, die Welt zu *erlauschen* und sie nicht gleich mit den Augen zu sezieren. Ihre Augen sind beladen mit definierten Bildern – Max lernt bei Gehmännchen gehen, Melanie kann optisch Goldbärchen von anderen Gummibärchen unterscheiden, und wenn ein Werbespot beginnt, wissen die Kinder das Ende schon auswendig. Dieses Können ist ergänzungsbedürftig, weil es nichts offen lässt. Aber wenn etwas entstehen will im Leben, dann muss es offen sein für vielerlei. Man darf noch nicht wissen, wie es ausgeht. Das ist manchmal nervig, aber es ist die Bedingung für wirklich Neues. Sonst findet man immer nur wieder Gehmännchen und Goldbären. Das ist die Langeweile des Vorproduzierten.

Hier setzen wir ein mit unserer *Theologie des Geheimnisses*. Im Entzug der Sinne – hier des Augensinns – kann ein neuer

Sinn für das entstehen, was in den Dingen verborgen liegt. Religion will nicht nur sagen, was man tun oder lassen soll („nicht stehlen!" z.B.). Religion kann helfen beim Auf-Hören. Der Gott der Christen ist leise, er droht nicht mehr. Gott wartet, atmet und „raunt". Die Bibel ist durchsetzt von der Bitte Gottes: „Hört doch!" oder „Hört auf." – Auf-Hören mit dem dreifachen Sinn: Innehalten, etwas Beenden und Hinhorchen. Wer horchen und lauschen lernt, hat eine Chance, Gottes Stimme raunen zu hören.

Das Lauschen ist ungenauer als das Sehen, aber es kann wahrnehmen, wie etwas entsteht und sich entwickelt. Vor allem weckt es Gefühle und innere Bilder. Das ist der Beginn der Mystik des Christentums: Das Schweigen und Lauschen. Wieder das Geheimnis geheim sein lassen, unter dem Glucksen einer matschenden Masse Bilder kommen lassen mit geschlossenen Augen – welche? Na, das werden wir Ihnen nicht vorschreiben.

In der Folge finden Sie Anleitungen für die Kinder und sich selbst, die Ihnen Spielräume zum Lauschen und Wahrnehmen der beginnenden Schöpfung öffnen können.

Zu Beginn der Spiele und Übungen empfehlen wir ein Klangbild der Schöpfungsgeräusche. Da sind die Kinder noch konzentriert. Wir enden mit dem Sehen …

Mosaikstein 1:
7 Urgeräusche. Ein Klangbild

Aus Klang die Atmosphäre einer Ur-Welt schaffen. Für diese Improvisation muss man sich mit einer Kollegin oder einem Kollegen zusammentun, sich gegenseitig anregen im Ausprobieren und Klangmaterialien zusammenstellen. Dafür streift man durch Küche und Keller und Baumarkt. Dann werden die gesammelten Klang-Materialien in der Mitte des Raumes zusammen gestellt.

- 2 Metalleimer (Zink), einer mit Wasser gefüllt,
- einen Haufen Steine,
- ein Metalltablett mit hohem Rand, mit getrockneten Erbsen (mind. 1 Pfund),
- eine Trommel o.Ä.,
- einen Windschlauch,
- eine Zimbel oder eine helles Glöckchen,
- ein großes, biegsames Blech,
- ein mit Sand gefülltes Tablett (hoher Rand, gibt es im Türken-Laden als Teetablett),
- im Sand stecken mind. 24 Kerzen, Streichhölzer daneben.

Bevor die Kinder den Raum betreten, deckt man am besten fast alles mit Tüchern ab – fast, denn der Steinhaufen könnte vielleicht zu sehen sein und Neugier wecken.

Nach dem Eingangsritual werden die Kinder in das Vorhaben eingeweiht. Sich mit verschlossenen Augen etwas Ungewissem auszusetzen, braucht immer etwas Mut. Wir versuchen ihre Aufmerksamkeit darauf zu richten, dass wir die Geschichte von der Entstehung der Welt einmal nur mit Klängen erzählen wollen.

Wir verabreden ein Klang-Zeichen (Zimbel) auf das hin die Kinder Stille einkehren lassen.

Nun setzen sich die Kinder rings an die Wände oder wo sie sonst einen sicheren Sitz finden können. Wenn vorhanden, liegen auch Decken und Kissen parat.

Wenn man sie am Klangbild beteiligen möchte, so lässt man sie jetzt einen gemeinsamen Rhythmus durch Klopfzeichen am Boden finden, ein langsames und gleichmäßiges Klopfen. Die Zimbel gibt das Stopp-Zeichen.

Jetzt werden Augenbinden (bzw. entsprechende Tücher) verteilt. Am besten verbinden die Kinder sich jeweils zu zweit gegenseitig die Augen, bei kleineren oder unbeholfenen Kindern ist es sinnvoll, zu helfen.

Das Zeichen für Stille ertönt. Die Stille einen Moment wachsen lassen. Dann mit der Klang-Improvisation beginnen.

Nun die einzelnen hier vorgeschlagenen Geräusche – und andere selbst gefundene dazu – jeweils mehrmals wiederholen und dann auch ineinander übergehen lassen.

- Wasser langsam von einem Metalleimer in einen anderen gießen (sieben Mal),
- Steine rollen und aufeinander prallen lassen,
- Erbsen von oben auf Metalltablett schütten und kreisen lassen,
- Ur-Puls klopfen,
- Ton schlagen und stampfen,
- Windschlauch schwingen und singen lassen,
- Zimbel erklingen lassen (Licht hören),
- Donner mit großem Blech.

Während der etwa zehnminütigen Klangmeditation die Sandschale mit den Kerzen in die Mitte rücken und die Kerzen anzünden. Gegen Ende die Klanggegenstände wieder abdecken, so dass dann nur die Kerzen leuchten. Sie sollten von allen Kindern zu sehen sein, wenn sie dann ihre Augenbinden abnehmen. Wenn die Kinder die Augen öffnen, leuchtet das Kerzenmeer in der Mitte.

Mosaikstein 2:
Dunkelheit wahrnehmen

Alle setzen sich bequem angelehnt oder – noch besser – liegen mit aufgestellten Beinen auf dem Rücken. Nun die Augen schließen und die Handballen ohne Druck über die geschlossenen Augen in die Augenhöhlen legen. Die Finger umfassen den Schädel über die Stirn hinaus. So einige Sekunden wirklich ruhen und die vollkommene Dunkelheit wirken lassen. Dann werden Farben und Formen in der Dunkelheit auftauchen, sozusagen eine Ur-Welt. Es ist nichts – und doch ist etwas da.

Wer nun leise angetippt wird – z.B. am Arm oder am Knie – kann benennen und schildern, was er oder was sie aus der Dunkelheit heraus wahrnimmt.
Der Reihe nach alle Kinder einmal antippen und dadurch zum Beschreiben des Unbeschreiblichen anregen. Alle Augen während der Schilderungen weiterhin geschlossen halten.

Das Antippen und die Aufgabe sollten vorher schon benannt sein, damit niemand unvorbereitet aus der Dunkelheit aufschreckt.

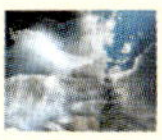

Mosaikstein 3:
Geräusche erraten und benennen

Alle sitzen mit etwas Abstand zu ihren Nachbarn im Kreis am Boden.

Ein Tennisball rollt auf Stefan zu. Er ergreift den Ball, im gleichen Moment schließen die anderen die Augen.

Stefan macht nun ein Geräusch mit Stimme und/oder Händen. Die jeweiligen Nachbarn von Stefan erraten das Geräusch und benennen, womit es gemacht ist (z.B. klopfen – mit den Fingern; scharren – mit den Nägeln; schnalzen – mit der Zunge im Mund; glucksen – mit der Kehle usw.).

Wenn es geraten ist, öffnen alle wieder ihre Augen und übernehmen gemeinsam das zuvor gehörte Geräusch. Das kann auch laut werden.

Der Ball wird dann zu einem anderen Kind gerollt.

Man kann dieses Spiel auch erweitern, indem man Gegenstände und Materialien hinzunimmt, die verschiedene Geräusche verursachen: Was raschelt, was klappert, was knistert, was kratzt, was reibt, was scharrt, was knarrt, was schlägt gegen etwas, was rauscht, was knattert? Jedes Kind sucht sich oder bekommt ein Material und wir hören nacheinander, wie was tönt.

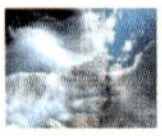

Mosaikstein 4:

Richtung raten

Paula stellt sich in die Kreismitte und bekommt die Augen verbunden.

Kai schleicht im Kreis um die blinde Paula herum, bleibt stehen und gibt einen Ton von sich. Paula versucht nun Kai zu fangen.

Kai darf sich aber höchstens noch drei Schritte von seinem Platz weg entfernen und muss sich auf Nachfrage von Paula hin noch zwei Mal mit seinem Geräusch melden.

Wenn Paula Kai erhascht hat, kommt ein neues Paar an die Reihe.

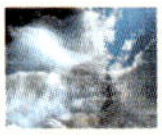

Mosaikstein 5:

Urschrei des Ungeheuers

Sechs Kinder bilden miteinander ein großes Ungeheuer mit vielen Gliedern, die direkt miteinander verbunden sind.

Das Ungeheuer hat einen Kopf – wer macht den Kopf?
In Position stellen.
Das Ungeheuer hat zwei Arme, wer sind die Arme?
Es hat einen Bauch und 2 Beine usw.

Das Ungeheuer sollte sich miteinander verbunden schwerfällig, aber im Takt vorwärts bewegen können. Dazu kommt der chorisch gesprochene Vers:

> Ich **bin** ein **gro**ßes **Un**ge**heu**er
> **Spu**cke **Wa**sser und auch **Feu**er
> **Leu**te **nehmt** Euch **ja** in **Acht** ...
> **Wenn es** **kracht**.

(Die fetten Silben betonen, ggfs. mit Fußstampfer unterstreichen.)

Dann stiebt das Ungeheuer mit lautem Geheule und Getöse auseinander und jedes Ungeheuer-Glied darf sich jemanden fangen.

Die anderen können sich schnell in Sicherheit bringen, indem sie sich zu zweit umarmen. Aber Achtung: dabei nicht einem Ungeheuerglied in die Arme laufen!

Wer gefangen ist, wird vom Ungeheuer einverleibt. Das wird sich nun neu – und größer – aufbauen. Zum Beispiel kommen zwei Hörner am Kopf dazu, oder große Ohren – wie sind sie am Kopf fest gemacht? Zwei weitere sind Hände usw.

Sich in Position bringen, wieder mit dem gemeinsam rhythmisch gesprochenen Ungeheuer-Vers loslegen, es krachen lassen und einfangen, wer noch allein herumschwirrt.

Die Eingefangenen wieder als neuen Körperteil ins Ungeheuer integrieren.

Wer sich bis zuletzt nicht hat fangen lassen, wird beim nächsten Mal Kopf des Ungeheuers.

Methodischer Hinweis

Wenn wir jetzt ein Riesengetöse haben und uns noch verständlich machen oder das Getöse allmählich abebben lassen wollen – wie geht das?

Gut wirkt dann der durchdringende Klang einer Zimbel.

Das ist natürlich vorher vereinbart: Wenn die Zimbel ertönt, wird's leise. Wenn es dann leise wird, kann man vielleicht sogar flüsternd das nächste Spiel erklären.

Mosaikstein 6:
Von hinten anschleichen

Jennifer sitzt mit verbundenen Augen auf einem Hocker.

Aus der Gruppe der Kinder, die in einiger Entfernung am Boden sitzen, schleicht sich Matthias von hinten an Jennifer heran.

Wenn sie hört: *da ist jemand,* deutet sie in die Richtung und ruft laut Stopp.

Matthias gibt nun einen Ton mit der Stimme von sich und Jennifer soll erraten, wer es ist. Wenn sie richtig rät, kommen zwei andere Kinder an die Reihe.

Wenn Jennifer aber nicht richtig rät, kann Matthias seinen Weg zu ihr fortsetzen, bis sie ihn wieder abstoppt und versucht, seine Stimme zu erraten.

Ist Matthias bei ihr angelangt bevor sie ihn abgestoppt hat, so hat er damit auf diese Art ihren Platz erobert und ist nun dran mit raten.

Die anderen Kinder müssen währenddessen so leise wie möglich sein.

TAG | 2

Himmelsgewölbe über dem Wasser

Und Gott sprach: Es werde eine **Feste** zwischen den Wassern,
das da scheide zwischen Wassern und Wassern.
Da machte Gott eine Feste und schied das Wasser unter der Feste
von dem Wasser über der Feste. Und es geschah so.
Und Gott nannte die Feste **Himmel**.
Da wurde aus Abend und Morgen der zweite Tag.

Was sich über mir, unter mir auftut

Entdeckt Leonie eine Pfütze, dann hat sie die Wahl: Reinspringen, etwas hineinwerfen oder stehen bleiben und schauen.

Reinspringen ist das kleine Glück am Chaos und die Lust an der Wirkung des eigenen Körpers. Ich kann verdrängen, was da ist, ich kann mich besudeln und damit den Gesetzen der Ordnung einen Moment lang widerstehen. Ich kann eins werden mit dem Element unter mir.

Steinchen werfen ist schon meditativer; das Spiegel-Bild verrutscht für Momente und stellt sich wieder her, der Stein fällt auf den flachen Grund, die Oberfläche schließt sich – wie sich die Ruhe der Seele nach aufregendem Erleben erneut einstellt. Die Ringe haben einen eigenen Reiz. Die anschließende Ruhe hat es auch. Dann wieder werfen … usw., wie im Leben. Im Kleinen das Ganze vorwegnehmen, ohne es zu wissen.

Stehen bleiben und Schauen setzt Lust am Spiegel-Bild voraus. Wenn ich mich für einen längeren Moment in das Bild in der Pfütze vertiefe, dann wird der Grund unter mir weit und tief. Als wäre da noch eine Welt. Vielleicht ist dies Spiegelerlebnis der Ursprung für das Weltbild gewesen, das uns in der Schilderung des zweiten Schöpfungstages begegnet: Gott macht zwei *Gewölbe* – das meint das Wort der Lutherbibel: *Feste* –, eins oben, eins unten, und das oben heißt nun „Himmel". Unten ist noch Urflut-Wasser. Das sieht, wer in die Pfütze schaut. Ich sehe unter mir, was oben ist und dachte doch, unter mir sei fester Grund.

Wenn man weiterspinnt …

… dann geht der Mensch auf dem bodenlosen Grund der Wolken, die sich im Wasser spiegeln. Das Leben wäre nach unten und nach oben grundlos, und genau das wäre von Gott so gewollt: zwei Gewölbe, eins oben, eins unten.

Und was trüge dann, was gäbe Halt? Nichts außer dem Glück, da zu sein im Moment und zu wissen: Ich bin hier richtig – und Gott wird's schon gut gemeint haben und halten. Könnte das gelten für unser Leben? Sind die Sicherheiten, die wir für festen Grund halten, echt? Wenn wir im Regen stehen und die Pfützen uns den Himmel zu Füßen statt oben zeigen – wird's einem da nicht auch schwindelig? Also: Wo ist Gott? und: Wo ist mein Halt im Leben?

Wenn wir die Kinder anhalten, in die Pfütze zu schauen, dann lehren wir sie also auch eine Weltsicht im Kleinen. Sie und wir sehen die Welt auf dem Kopf, wir erkennen schemenhaft unsere Gesichter, die da herabblicken, merken, dass auch unter uns eine Welt ist, die seltsam trägt.

Tag 2

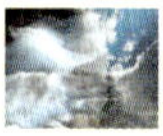

Mosaikstein 1: Wolkenbilder – Pfützenleben

Das Spiel mit einer echten Pfütze entzieht sich der Planbarkeit. Aber man kann vorbereitend die Umgebung erforschen und feststellen, wo sich Pfützen bilden, wenn es regnet. Ist dies auch ein geeigneter Ort, das Pfützenleben mit den Kindern zu erforschen? Gibt es genug Platz, dass sie einen Kreis um die Wasserlache bilden können? Gibt es in der Nähe eine Wasserleitung, so dass man die Pfütze ggfs. auch mit einem Wasserschlauch zum Leben erwecken kann? Man kann auch überlegen, eine „Wasserkette" zu bilden und Eimer für Eimer von Hand zu Hand zu reichen. Dafür müsste nur jedes Kind einen Eimer mitbringen. Gummistiefel sowieso.

Man beachte: Ein Plastik-Wasser-Bassin in kein Pfützenersatz, sondern eben ein Plantschbecken. Das Faszinierende an der Pfütze ist nicht zuletzt der Dreck auf ihrem Grund und ihre Vergänglichkeit.

Damit sich der Himmel gut in der Pfütze spiegeln kann, darf es draußen nicht zu dunkel sein. Aber spiegeln kann sich der Himmel bei jedem Wetter.

Es ist gut, wenn die Kinder große Zweige mit zur Pfütze nehmen oder auch einen langen Stiel, an den man einen Schuh oder eine Fahne binden kann – wenn man sie über die Pfütze hängt, kann das interessante Spiegelungen geben.

Die „Aktion" ist einfach: Im Kreis um die Pfütze stehen, schauen und erzählen, was man sieht. Natürlich auch das ein oder andere Steinchen hineinwerfen und beobachten, wie sich die Spiegelbilder dann verändern. Wenn man genug davon hat, kann es weitergehen z. B. mit:

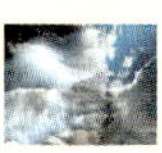

Mosaikstein 2: Schiffchen pusten

Jedes Kind hat aus einem DinA4-Blatt ein Schiffchen gefaltet. Wie das geht, müssen wir hier nicht beschreiben. Nur noch eins dazu: Jeder sollte sein Schiffchen mit Farbe und einem Zeichen kennzeichnen.

Dann stellen sich Hannes und Ronja, Steffi und Friedhelm auf eine Seite der Pfütze, lassen ihr Schiffchen zu Wasser und versuchen, es nach einem Startsignal möglichst schnell ans gegenüberliegende Ufer zu pusten.

Mosaikstein 3:
Himmel im Spiegel

Wenn es nichts wird mit der Pfütze, kann man den Himmel auch anders auf die Erde holen und zwar so, dass einem ganz schwindelig werden kann dabei:

Wir sind draußen – wo sonst kann man Himmel sehen? Jedes Kind bekommt eine Spiegelkachel (Baumarkt oder Wochen vorher bei einer Glaserei nach Spiegelabfällen fragen und diese stumpf schleifen lassen).

Nun geht es darum, ausnahmsweise nicht sich selbst im Spiegel zu betrachten, sondern die Umgebung. Wenn man den Spiegel mit der Spiegelfläche nach oben vor sich hält und nur dort hineinschaut, so kann man den Himmel sehen, als wäre es die Erde. Oben und unten verkehrt sich regelrecht.

Natürlich kann man auch über den Spiegel hinter sich schauen oder den Boden unter den Füßen zum Wanken bringen, indem man den Spiegel mit Spiegelfläche nach unten an die Stirn hält und wiederum hineinschaut.

Hier kann man erfahren, wie Sehen und Gleichgewichtssinn miteinander gekoppelt sind. Sich zwischendurch immer mal hinzusetzen und Augen auszuruhen ist ganz gewiss nötig.

Mosaikstein 4:
Pfützenbilder malen

Zurück im Gruppenraum oder auch am nächsten Tag, geht es mit Malen an die Dokumentation des Erlebten. „Dickis" eignen sich gut, wenn den Kindern an Genauigkeit gelegen ist. Sonst natürlich auch Wasserfarben. Das liegt bei dem Element ja nahe.

Aber Vorsicht: keine pädagogischen Korrekturen, wie die Spiegelung „richtig" ist. Kinder können ja keine Perspektive darstellen. Sie kennen keinen Fluchtpunkt im Bild, der vorne und hinten unterschiedlich groß erscheinen lässt. Ihre Figuren sind alle gleich groß – jeder Mensch ist gleich wichtig und vorne, keiner ist „hinten".

Das ist die Sicht der Maler von vor tausend Jahren – wir unterstellen ihnen mangelndes Können, weil all ihre Figuren auf der gleichen Ebene erscheinen – dabei sind sie vom Glauben her die wahren Könner: Alles liegt auf einem Goldgrund nebeneinander: der Vogel, du, der Kaiser und der Strauch. Und siehe, da gilt: Bei Gott sind alle gleich viel wert.

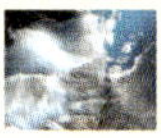

Mosaikstein 5:

Fallschirm- bzw. Schwungtuch-Spiele

Wenn man noch etwas am Himmelsgewölbe hängt und im Kleinen nachvollziehen möchte, wie es durch aufsteigende und sich ausdehnende Luft entsteht, so sind *Fallschirm bzw. Schwungtuch-Spiele* angebracht.

Dazu muss man nicht viel erklären. Die Kinder stehen im Kreis und fassen das Tuch an den Rändern. Nun senken sie es gleichzeitig gemeinsam zum Boden und heben es mit Schwung wieder auf.

Ggfs. mehrmals wiederholen, bis das Tuch ein großes Gewölbe bildet. Dann können alle darunter durch rennen und an der gegenüberliegenden Seite wieder einen Zipfel des Tuches fassen.

Mosaikstein 6:

Atmen

Vorbemerkung. Wenn wir in verschiedenen Übungen zum Atmen anleiten, dann eignen wir uns den Himmel an: Indem Gott den Himmel über uns schafft, gibt er uns viel freien Raum zum Leben – die Luft. Die entsteht zwischen dem oberen „Gewölbe“ und dem unteren, dem Wasser. Was wir Himmel nennen und was blau aussieht am Tag, das ist Luft, eine unsichtbare Masse, die wir ständig ein- und ausatmen. Das heißt, wir *atmen Himmel.* Das heißt auch, der Himmel ist nicht nur über uns, sondern auch in uns. Denn die Luft dringt ja bekanntlich bis in unsere feinsten Lungenteile und bis ins Blut, hinein ins Herz und ins Gehirn. Himmel im Herzen und im Verstand. Eingeatmet und belebend.

Manche Kinder berichten, wie sie entdecken, dass sie immer atmen müssen, um zu leben – das ist ein großes Erlebnis von Abhängigkeit und gleichzeitig ein Staunen darüber, dass immer Luft und Himmel genug da ist, dass ich also als Mensch versorgt bin. „Und siehe, es war sehr gut.“

Gebet

Manchmal geht mir durch den Sinn,
dass ich lebe, dass ich bin.
Lieber Gott, das kommt von dir –
heute sag ich Dank dafür.

Wir möchten Sie anleiten, mit den Kindern durch Atem und Stimme zurückzugeben, was sie als Geschenk erhalten: den Himmel als Luft. Jedes Gebet, jeder Gesang kann nur herauskommen aus dem Menschen, weil er vorher Luft eingeatmet hat.

Singt, spricht oder betet er, so gibt er mit Ton zurück, was er aufgenommen hat von Gott. Deshalb muten wir Ihnen zu, die Kinder in einer konzentrierten Weise anzuleiten, ihren Atem herzugeben.

Das Gleiche gilt auch für die *Seifenblasen* (siehe **Mosaikstein 8**): Sie sind – genauer betrachtet – ein Symbol der beiden „Gewölbe“: Wasser und Luft sind hier in einer spannenden und seltsam stabilen und vergänglichen Weise vereint zu einem Gebilde, das zwischen beiden Gewölben, zwischen oben und unten schwebt. So kann im Kleinen das Ganze erscheinen.

Die Atemübungen. Wir brauchen zweimal sieben starke Atemzüge.

1. *Mit Schwung*
   Alle stehen im Kreis und fassen einander an den Händen.

   Die Arme heben (Einatmung) und mit Schwung senken.

   Dazu mit einem kräftigen, gut hörbaren *sch* ausatmen. (siebenmal)

2. *Der lange Atem*
   Jedes Kind wählt sich einen Platz im Raum und bleibt hier einen Moment ruhig stehen.

   Auf ein Signal hin (Zimbel) atmen alle ein.

   Die Ausatmung wird dann mit einem langen *ffffffff* hörbar. Dazu geht jedes Kind so viele Schritte, wie auf ein Ausatmen möglich.

   Wenn die Luft ganz ausgeatmet ist, bleibt jeder für sich stehen. (Achtung: das geschieht nicht gleichzeitig, weil die Kinder unterschiedlich lang ausatmen.)

   Es folgt eine ruhige Zwischenatmung am Platz.

   Nach der nächsten Einatmung geht man wieder los. (siebenmal)

   Das *ffffff* kann mit der Zeit auch mit einem Vokal und Ton verbunden werden (*ffffüüü*).

   Wenn es sich ergibt und die Kinder Lust haben zu ermitteln, wer den längsten Atem hat und/oder im Raum auf eine Ausatmung die weiteste Strecke zurücklegen kann, kann man die Übung auch jeweils zu dritt ausführen lassen. Die anderen schauen zu und zählen die Sekunden.

Mosaikstein 7:

Balance

Zwischendurch eignet sich eine *Balance zwischen Himmel und Erde*:

Jedes Kind steht auf einem Bein und versucht, das freie Spielbein so weit wie möglich nach vorne oder hinten auszustrecken.

Die ausgebreiteten Arme helfen dabei sich auszubalancieren.

Die Augen wählen sich einen Fixpunkt etwa in Augenhöhe.

Wer schafft es am längsten, das Spielbein nicht auf dem Boden aufzusetzen?

Mosaikstein 8:

Seifenblasen

Und nun noch ein Spielelement, das Wasser, Pusten und Himmel in besonderer Weise miteinander verbindet – Seifenblasen.

> *Rezept* für die Seifenblasenlösung
> (unbedingt 24 Std. vor Einsatz anrühren!)
>
> **9 Liter lauwarmes Wasser** in einen Eimer geben.
>
> **500g Zucker** in **1 Liter kochendem Wasser** auflösen.
>
> Zuckerlösung, **25 g Tapetenkleister** und
> **3/4 Liter flüssige Neutralseife** in das lauwarme Wasser geben, gut verrühren und über Nacht stehen lassen.
>
> Für den *Blasenhalter*:
>
> **Festen Draht** zu einem Ring biegen, etwa 20 cm Durchmesser, an einem **Stock** mit **Isolierband** befestigen und den Drahtring mit einer **Mullbinde** umwickeln.

Die Seifenlösung in eine kleine Kinderbadewanne geben (sie hat festeren Stand als ein Eimer), die Halter eintauchen und dann kräftig und sanft zugleich pusten oder den Reifen sanft durch die Luft ziehen. Es können große schwebende Blasen, aber auch meterlange Seifenblasenschlangen entstehen.

Mosaikstein 9:
Pustebilder

Wenn das Wetter ungünstig ist für Seifenblasen, man aber doch etwas mit Wasser und Puste ausprobieren möchte, dann sind *Pustebilder mit Wasserfarben* angebracht.

Dazu braucht man weißes Malpapier, Pinsel, evt. auch kleine Schwämme und kräftig gefärbtes Malwasser in verschiedenen Gläschen.

Mit dem Pinsel tropft man Farbwasser auf das Papier und pustet das Wasser nun in alle Richtungen über das Blatt. Eine zweite und dritte Farbe hinzutropfen. So entstehen korallenartige Gebilde mit vielen Verästelungen.

TAG | 3

Wasser und Land

Und Gott sprach: Es sammle sich das **Wasser**
unter dem Himmel an besondere Orte, dass man das Trockene sehe.
Und es geschah so.
Und Gott nannte das Trockene **Erde**, und die Sammlung der
Wasser nannte er Meer.
Und Gott sah, dass es gut war.

a. Leben entsteht zwischen Gegensätzen

Wir leben auf dem Land, aber wir stammen ja alle aus dem Wasser, und ohne das Wasser gäbe es gar kein Leben auf der Erde.

Wir haben im Mutterleib unter Wasser gelebt – mit echten Kiemen – und die Entwicklungsgeschichte des Menschen vom Lurch bis zum Baby dort im Zeitraffer wiederholt. Wer sich Gutes tun will, begibt sich oft (zurück?) in die Nähe des Wassers oder hinein. Der Wechsel von hier nach dort und zurück belebt fast alle Lebewesen.

Aus dem Lichtbrei des *Tohuwabohu* wird am 1. Tag der Schöpfung „Hell" einerseits und „Dunkel" andererseits. Indem Gott die beiden Seinsweisen „flüssig / Wasser" und „fest / Land" voneinander scheidet, entsteht jetzt eine weitere Polarität. Es scheint, als wären die Grundlagen, in die hinein später Pflanzen und Tiere geschaffen werden, immer polar: Licht und Dunkelheit, Tag und Nacht, oben (Luft / Himmel) und unten (Meer), Land und Wasser.

So wird aus dem Urbrei ein gegliederter Zeit-Raum. Tag und Nacht bedeuten die *Zeit*, die Gewölbe oben und unten (vertikal) sowie die Unterscheidung von festem Land und flüssigem Wasser (horizontal) den Raum. In Zeit und *Raum* lebt alles, was lebt.

Bemerkenswert, weil grundsätzlich: Aus dem Ur-Einen entsteht eine je zweifach gegliederte Welt. Was ist, spielt sich zwischen zwei Polen ab. „Mutter" ist man (erst), indem man ein „Kind" hat – das Kind macht die Frau zur Mutter. Vorher war sie eine Frau und keine Mutter. Satt wird nur, wer Hunger kennt. Liebe entsteht, wo Menschen für sich allein sind. „Heimat" ist wertvoll, wenn man die „Fremde" erlebt. Wasser ist das Kostbarste der Wüste.

Der horizontale Lebensraum auf der Erde wird am dritten Tag eröffnet und gegliedert. Zwischen diesen Polen wird sich Leben entfalten, vom Einzeller im Wasser bis zu uns. In der Abwechslung lernt sich's leben, und ohne Pole gäb's das alles nicht.

Der Mensch selbst – als bisheriger Höhepunkt der Entwicklung von Leben – trägt die Pole der Schöpfung weiter in sich:

- Das Dunkle, die Urflut, dann die Erhellung durch das erlösende Wort (des Himmels),
- Himmelszugehörigkeit und Erdverbundenheit – eben nicht nur Instinkt-Tier der Erde zu sein, sondern sich einer anderen Sphäre von Anfang an verbunden zu wissen, also etwas „Höherem",
- fließend zu leben und fest gefügt – bis hinein in die Ordnungsprinzipien eines Haushalts, eines Staates, einer Biografie, wo jede und jeder auspendeln muss, wie viel Klares und Festes einerseits und Bewegliches andrerseits nötig ist, bzw. wo ihr Wechsel angebracht ist.

Kleiner Ausflug in die christliche Theologie

Die Theologie der Christenheit hat vermutet, in Gott selbst gebe es eine Art „Spannung der Pole". In der „Schöpferkraft Gott" fände eine Art Dialog, ein Hin und Her statt, ein fruchtbares „Selbstgespräch". Ein kleines Anzeichen dafür gibt der Vers 26 innerhalb unserer Schöpfungsgeschichte: „Lasst *uns* Menschen machen ...".

Aus diesem „uns" entsteht eine zu Gott analog gebaute Welt, die des Gesprächs, der Gegensätze, innerhalb derer sich Leben erst entfalten kann. (Und eben auch Krieg und Versöhnung zwischen den Polen, weil die Menschen – anders als Gott – so gierig auf ihren Polen beharren.)

Jesus ist dann als der eine Pol verstanden worden, den es vielleicht immer schon gegeben hat bei Gott. Und Gott, der Ursprung von allem, sei der andere. An dem Mensch-Gott Jesus in seinem Gespräch mit dem Himmels-Gott hat man dann gesehen, wie sich die beiden Pole (*Gott-Vater* und *Gott-Sohn* genannt) aufeinander beziehen, einander nicht verlassen oder verschlingen, aufeinander hören, aber doch verschieden sind, also die Spannung halten.

Und die Beziehung zwischen beiden, die hat man *Heiligen Geist* genannt. Also das *Zwischen*. Heiliger Geist ist möglich, wo Gedanken, Meinungen, Handlungen hin- und hergehen.

Wer einmal ein gelungenes Gespräch erlebt hat, erinnert vielleicht, wie ein Geist sich zwischen den Menschen ausbreitete, der aufatmen ließ und der wie ein dritte Kraft im Raum alle in besonderer Weise erfasst hat (s. Pfingsten). So etwa „funktioniert" im Verständnis der Christen Heiliger Geist. Da werden Pole verbunden, ohne einander zu verschlingen oder auseinander zu fallen.
Entscheidend für unseren Schöpfungstag ist im Moment, dass Schöpfung von Anfang an im Geist des *Zwie-Gesprächs* der Pole wächst.

Vom Frosch:
Eine kleine Geschichte zum Leben zwischen den Polen

Immer wenn der Frosch länger als eine Stunde auf dem Land zubringt, bricht er in Tränen aus. Fragt man ihn, was los ist, dann mault er rum und sagt: Hier ist es zu trocken.

Dann springt er gierig ins Wasser und seine Augen leuchten. Nach abermals einer Stunde im Wasser findet man ihn wieder genervt vor und fragt höflich nach dem Befinden. Es sei hier zu nass, heißt es. So krabbelt er an Land, sein Atem geht leichter – und nun beginnt alles von vorn.

Die Gegensätze ergeben eine Spannung, in die hinein jeder Mensch lebt. Sie ist offen für Varianten und Zwischentöne aller Art. Ein Kind lebt zwischen Vater und Mutter und lernt zwischen beiden, wie man Mann oder Frau ist. Viele Mütter leben zwischen Kindern und Beruf, der Mann zwischen Beruf und Frau, die Erzieherin zwischen Pflichtprogramm und Freispiel, der Stadtmensch zwischen City und der Sehnsucht nach dem Meer, Christen gehören zum Himmel und gleichzeitig zur Erde.

Gleichzeitig gilt: Das Kind ist mit dem Vater zusammen und hat dort jetzt gerade seinen Ort. Christen wenden sich den Problemen der Erde zu – ganz und gar einseitig. Sie wissen, dass sie auch noch zum Himmel gehören, aber jetzt kümmern sie sich gerade um die Erhaltung der Robben ... Die Erzieherin lässt es mal einseitig eine Zeitlang ohne Pflichtprogramm laufen und versucht neue Formen.

Wir leben also nicht nur „im Zwischen", sondern auch bewusst einseitig an den verschiedenen Orten, aber durch diese Pole kommen wir in Bewegung: „Alles hat seine Zeit" (Prediger Salomo).

b. Wir sind ein Teil der Natur

Die Welt hat immer auch ein Innenleben. Sogar die Steine. Wie kunstvoll ist oft ihre Maserung, ihre Form – gebrochen, gehobelt, geschliffen! Unzählige Transformationen sind in ihnen sichtbar geronnen. Erst war da ein Tier, dann die Verwesung, die Knochen bleiben, Sand lagert sich daran, alles wird eingeschlossen, gepresst, verrutscht, verformt, herausgeschoben, freigelegt, rollend, stürzend, umspült und ruhend. Wenn der Mensch heute draufschaut, dann kann er Geschichte sehen und in der Hand halten – viele Zehntausende von Jahren. Er kann das sehen und denken: Der Stein „weiß" nicht, wie ihm geschah. Er hat kein Bewusstsein. Und doch ist schon in Vorstufen in ihm anwesend, was uns auch am Leben hält: Kalk, Kieselsäure, Mineralstoffe. Durch uns Menschen kann sich die Natur gewissermaßen „selbst ansehen". Wir sind ein Teil von ihr, nur mit Sinnen und Verstand. Daher ist das Wort entstanden:

Gott schläft im Stein,
atmet in der Pflanze
und erwacht im Menschen.

Wir können das rückblickend ahnen, wenn wir die Natur ansehen. Aus diesem Grund sollen Kinder sich in Steine, Pflanzen und Tiere hineinversetzen. In der Vorstellung und dabei körperlich. So wiederholen sie am eigenen Leib ein Stück Naturgeschichte.

Sie empfinden nach, wie Dinge in der Welt sind, wie ein Stein im Wasser rollt, wenn der Bach anschwillt, wie ruhig nur ein Fels daliegen kann.

Sie gehen also zwischen den Welten hin und her, zwischen der der stummen Natur und der eigenen. Dazwischen bildet sich eine Beziehung Kind-Stein. Es versteht Steine außen, und bekommt einen Zugang zu dem Stein-Ähnlichen in sich selbst. So wird ein Bewusstsein für Verwandtschaft geweckt und damit auch eine Ahnung von der Anwesenheit der Schöpfungskraft, also von Gottes Gegenwart – innen und außen. Das ist die Grundlage für Respekt und Glauben.

Kinder können Wasser und Erde (oder auch Steine als Symbol für das Feste) erkunden und deren Unterschied. Wir schlagen u.a. eine Übung vor, die den Kindern ermöglicht, von innen her zu entdecken, wie eine Gestalt (z.B. Steine, die sie selbst darstellen) entsteht aus einzelnen Elementen, die sich allmählich absetzen vom Wasser und ein gemeinsames Größeres bilden – wie das Land oder das Gebirge nach der Befreiung vom Wasser. Wie sich etwas auftürmt aus einer zunächst eher gestaltlosen Fläche heraus.

Tag | 3-1

Mosaikstein 1:

Mit Steinen spielen

Steine sind ein ganz archaisches Spielmaterial, das kleine und auch große Menschen bis heute zum Spielen anregt.

Man kann bei einem Ausflug Steine sammeln oder Steine von Familienausflügen an die See mitbringen lassen. Flache Steine eignen sich besonders gut.

Die Steine werden in der Mitte eines möglichst leeren Raumes, der mit blauen Tüchern (Wasser!) ausgelegt ist, auf einen Haufen gehäuft.

Die Kinder können nun „aus dem Wasser heraus" mit den Steinen Landschaften entstehen lassen.

Legt man zuvor über die blauen Tücher noch eine dicke Plastik-Maler-Folie, oder legt man den Grund z.B. mit blauen Plastik-Mülltüten aus, so können die Steine anschließend noch mit Acrylfarben bemalt werden. Der Fleck- und Beschmutzungsgefahr mit geeigneter Kleidung (z.B. alte Oberhemden) begegnen.

Steine locken auch zu anderen Spielen:

- Türme bzw. Steinmännchen bauen und schauen, welche sich gut, welche sich weniger gut aufeinander türmen lassen.
- In den Steinen Figuren erkennen.
- Unterschiede zwischen den Steinen wahrnehmen, sie benennen und nach den polaren Unterschieden ordnen: z.B. rund und spitz, hell und dunkel, schroff und glatt, der größte und der kleinste, schwer und leicht, ein Haufen und ein einzelner.

Natürlich müssen zuvor auch Regeln aufgestellt und besprochen werden, z.B. dass mit den Steinen grundsätzlich nicht geworfen werden darf.

Doch keine Angst: Als Spielmaterial eingeführt, verleiten die Steine zu weniger Chaos, als sich große Menschen oft vorstellen.

TAG | 3-1

Mosaikstein 2:
Bettwäschen-Steine

Alte, verwaschene Bettwäsche findet sich fast in jeder Familie – jedenfalls bei Oma. Dass sich wunderbar damit spielen lässt, wissen nur wenige.

Vorbereitung des Spiel-Materials

Für Kinder eignen sich am besten die Kindergrößen von Bettbezügen sowie kleine und große Kopfkissen. Das „Rohmaterial" sollte uni-weiß oder uni-farbig sein.

Die gesammelten Bezüge dann färben: in *Steinfarben* wie grau, graublau, grün, braun und gelb. Am einfachsten geht das Färben in der Waschmaschine, am lustvollsten mit den Kindern an einem Sommertag draußen mit Waschkessel, großen Waschschüsseln und Wasserschlauch. Aber Vorsicht wegen des heißen Wassers: Verbrühungsgefahr! Diese Vorbereitungen können schon längere Zeit vor dem Projekt getroffen werden. Man hat damit ein Spielmaterial, das sich auch bei anderen Spiel-Aktionen noch gut einsetzen lässt.

Neben den Bettbezügen können Sie noch Schaumstoff-Isolier-Röhren aus dem Baumarkt verwenden. Wenn man sie mit kleinen Laschen innen an den Nähten der schmalen Seite befestigt, gibt das den lebenden Steinen dann noch etwas andere, steifere Formen.

Die Spiel-Idee

Jeweils fünf Kinder wählen sich je einen Bettbezug und steigen ganz und gar (auch mit dem Kopf) in ihn hinein. Sie bekommen evtl. noch eine Schaumstoffstange in die Hand. Dann wird der Bezug zugeknöpft. Manche Kinder möchten nicht mit dem Kopf in den Bezug hinein, dann kann der Kopf extra mit einem Kopfkissenbezug wie mit einem Kopftuch bedeckt werden.

Nun verwandeln sie sich in rollende, kullernde, liegende Steine. Steine am Wegrand oder Steine, die sich z.B. am Strand hin und her bewegen. Tanzende Steine, die auch leicht aneinander stoßen und voneinander abprallen. Natürlich müssen die Steine beachten, dass sie nicht gut sehen können, und entsprechend Vorsicht walten lassen. Besser mit langsamen Bewegungen beginnen, damit es nicht gleich blaue Flecke gibt.

Dazu kommt eine Musik, die Meeresrauschen enthält, oder z.B. *die Moldau* von Smetana – und dann eine Fantasiereise, zum Beispiel die von **Mosaikstein 3**.

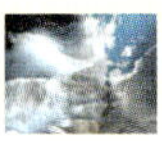

Mosaikstein 3:

Die Wüste lebt. Eine bewegte Fantasiereise

Noch ist Nacht, und in der Wüste ruhen alle Steine (die „Bettwäschensteine" s.o.)

Mit dem Morgengrauen kommt Wind auf, die Steine kommen mit dem Sand ins Rutschen.

Eine Quelle entspringt und wird zum Fluss, der die Steine ins Rollen bringt.

Sie werden ans Ufer gespült, der Fluss wird zum Rinnsal.

Die Steine liegen wieder still und warten, warten bis ein neuer Wetterumschwung sie wieder in Bewegung bringt.

Zuschauende Kinder können von außen bildhafte Bewegungsanregungen mit hinein geben.

Mosaikstein 4:
Urschlamm

An besonders schönen Tagen, wenn es draußen richtig warm ist und das Wetter zum Spielen mit Wasser und Sand einlädt, sollte man die Sandkiste gemeinschaftlich in eine Ur-Landschaft verwandeln.

Das bedeutet: Die Sandkiste zunächst einmal mit dem Wasserschlauch *unter Wasser setzen* und dann aus dem Matsch heraus Berge, Täler und Flachland entstehen lassen.

Diese Schöpfungs-Schlamm-Szenerie unbedingt fotografieren.

Und hinterher alle mit dem Wasserschlauch abspritzen.

Tag | 3

Pflanzen

Und Gott sprach: Es lasse die Erde aufgehen **Gras und Kraut**,
das Samen bringe, und fruchtbare Bäume auf Erden,
die ein jeder nach seiner Art Früchte tragen, in denen ihr Same ist.
Und es geschah so.
Und die Erde ließ aufgehen Gras und Kraut, das **Samen** bringt,
ein jedes nach seiner Art, und Bäume, die da **Früchte** tragen,
in denen ihr Same ist, ein jeder nach seiner Art.
Und Gott sah, dass es gut war.
Da wurde aus Abend und Morgen der dritte Tag.

Von Pflanzen lernen

Pflanzen entdecken ist für viele Kinder eine große Lust. Wenn wir sie ansehen, können wir manches an ihnen sehen:

Durch die Pflanzen kommt Farbe in die Welt. Bis heute werden diese Farben verwendet, damit auch Menschen sich mit ihnen schön kleiden. Fast ist es, als sei das Feuerwerk der Farben ein Reflex auf das Licht – wie die Pflanzen und Menschen blühen, wenn das Himmels-Licht sie berührt.

Es gibt etwas zum Riechen. Die Nase kann sich durch die Düfte wühlen, Kräuter und Blüten unterscheiden (z.B. mit geschlossenen Augen sieben verschiedene Pflanzen raten).

Überhaupt eröffnen in der Schöpfung die Pflanzen Vielfalt. Das Leben differenziert sich aus. Es gibt Arten, und innerhalb der Arten Varianten – wie bei den Menschen später. Und doch steht jede Pflanze am eigenen Ort und wächst entsprechend ihrer Umgebung. Gelände und Witterung bestimmen die Größe und die Art. Der Kaktus ist eine Ausgeburt der Wüste.

Durch die Pflanzen kommt Nahrung in die Welt, etliche kann man essen. Von vielen Früchten kann man leben.

Viele Gewächse haben heilende Wirkung. Die wird durch den Menschen erforscht in Versuch und Irrtum. Etliche töten, wirken aber in geringsten Mengen heilsam.

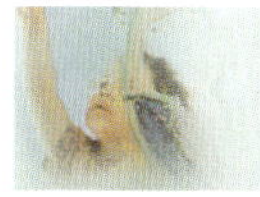

Wer lernen will, was Symmetrie ist, schaut Blätter an. Oder die Bauweise eines Farns. Oder die Spiralkunst der Blüte der Sonnenblume. Kinder haben daran ein großes Vergnügen.

Erstaunlich immer wieder, wie Pflanzen sich halten. Ein Bauwerk, das das gleiche Verhältnis von Durchmesser und Höhe hätte wie ein Weizenhalm, wäre mehrere Kilometer hoch. Wer wollte eine solche Statik konstruieren?

Viele Gewächse nehmen von außen nach innen zu. Es lagert sich Weiches außen um ehemals Weiches innen, das verhärtet und den Halt gibt. So bildet sich – wie bei der Lebenserfahrung der Menschen – ein Kernbestand an klarem Halt, um den herum sich Neues anlagert. Mit wachsendem Alter überwiegt das Harte. Alles, was anfängt, ist weich.

Wer bis hierher noch keine religiösen Anmutungen hatte angesichts all der kleinen Wunder, der wird vielleicht berührt, wenn er wahrnimmt, wie all das ohne direkten Nutzen ist, was wächst und blüht. Es gab Pflanzen, die wir heute als Versteinerungen bewundern – da hat kein Mensch gelebt, nicht mal ein Tier, das sie hätte essen mögen. Es gibt auch heute Blumen im Gebirge, die nie irgendjemand sieht. Milliarden prallster Früchte, die zu Boden fallen, vergehen – und niemand hat davon etwas. Farben, die mitten im Urwald explodieren, ohne dass ein Affe hinschaut. Es ist die reine Verschwendung.

Die Millionen Versuche, die die Natur brauchte, bis ein komplettes Kunstwerk entstand – undenkbar für ein kurzes Menschenleben. Und doch war ja auch schon jedes Zwischenstadium wieder ein eigenes Werk. Verrottet, wieder zu Erde geworden.

Und wir Menschen? Jede Generation muss fast alles neu lernen: sprechen, lesen, lieben. Wie viel Lebenserfahrung nehmen die Alten ins Grab, ohne dass auch nur ein Bruchteil davon vererbbar wäre!

Diese Verschwendung ist (wie) die Liebe. Sie kommt aus nichts und nützt auch nichts. Man kann sie nicht ableiten. Es gibt kein „weil" in Liebe und Leben. Beides ist da und ist das Wichtigste. Dieser Lebens-Überschuss selbst ist das Unerklärlichste auf der ganzen Welt. Es lebt und liebt sich einfach aus sich selbst heraus, überschäumend. Der Mensch lebt davon, und es macht ihn glücklich, aber er schachtelt es auch ein und macht es knapp. Doch er kann die Welt (noch) nicht kleinkriegen und – bei gutem Mut – teilhaben an dieser Art zu leben.

Christen sehen in Gott diese Lebensart: *Nur loslieben.* Ohne Grund. Nichts sonst.

Die Kinder sollen nachempfinden, wie sich die Pflanze aus ihrem Urzustand, dem Keim, heraus langsam entwickelt. Wieder die Innenseite des Lebens kennen lernen. Daher verlangsamen wir die Wahrnehmung im meditativen Spiel, das die Kinder ins Wachsen führt. Siehe **Mosaikstein 3**.

TAG 3-2

Mosaikstein 1:
Weizenfelder

Ob Sommer oder Winter: wenn die Pflanzen, die Samen tragenden und Frucht bringenden, auf der Bildfläche der Schöpfungsgeschichte erscheinen, muss gesät, gesetzt und gepflanzt werden.

Das geht natürlich mit Pflanzschalen für die Fensterbank oder, wenn ein Garten vorhanden ist und die Jahreszeit es erlaubt, mit einer Sä- und Pflanzaktion draußen.

Für ein größeres Arrangement aus kleinen Paradiesgärten empfehlen wir, die Elternhäuser mit einzubeziehen.

Es braucht für jedes Kind ein *Backblech*. Darauf wird bis knapp unter den Rand Erde gestrichen (keine Angst: es lässt sich hinterher wieder gut reinigen.) Auf die zwischen den Fingern zerkrümelte Erde werden nun gleichmäßig dicht *Weizenkörner* gesät, Weizenkörner, so wie man sie in jedem Naturkostladen erhält.

Nun das kleine Feld mit Bedacht (d.h. möglichst mit Wassersprüher) anfeuchten und auf die Fensterbank oder bei Temperaturen über 10° C nach draußen stellen.

In der nächsten Zeit täglich auf Wärme und Feuchtigkeit achten. Nach etwa 14 bis18 Tagen steht der Weizen so hoch, dass man nun das grüne Feld je nach Gusto mit einzelnen Blüten, Kastanienmännchen o.Ä. bereichern kann.

Nun können alle kleinen individuell geschmückten Weizenfelder für die Gestaltung des dritten Schöpfungstags und auch für das Abschlussfest (am siebten Tag) in den Kindergarten oder in die Kirche gebracht werden.

Man kann ein *Paradiesgartenfeld* daraus legen z.B. im Altarraum oder ein großes Kreuz durch die ganze Kirche (die Horizontale geht durch den Mittelgang und die Vertikale liegt quer vor dem Altar).

Mosaikstein 2:

Geruchs-Memory

Wir bauen eine kleine Geruchs-Orgel aus 2 mal 7 verschiedenen Gerüchen.

Dazu brauchen wir:

- 14 gleiche braune Schraubdeckelgläser (z.B. von Gemüsebrühe. Man kann auch transparente Gläser nehmen und sie mit einem Lichtschutz aus Tonpapier versehen. Jedenfalls sollten es gleiche Gläser sein.)
- 14 DinA5–Blätter Papier
- 14 Stück Mull o.Ä. als Sichtschutz, Gummis zum Befestigen
- Tücher zum Augen verbinden
- 7 verschiedene pflanzliche Geruchsspender, z.B. Pfefferminzblätter, Zimt, Mandarine, Kaffeebohnen, Basmati-Reis, duftende Blüten, Gewürznelken.

Vorbereitung

Die geruchsneutral-sauberen Gläser werden mit verschieden duftenden Pflanzenteilen oder Essenzen bestückt. Um ihren Duft besser zu entfalten, sind die Pflanzenteile etwas zu präparieren, zu rupfen oder zu schneiden, bevor sie jeweils ins Glas kommen. Jeweils zwei Gläser werden mit dem gleichen Aromastoff gefüllt. Obendrauf kommt ein Stück Mull als Sichtschutz.

Jedes Kind darf jeden Geruch *einmal* wahrnehmen, damit alle wissen, welche Gerüche im Spiel sind.

Die Gläser werden möglichst gut gemischt in zwei Reihen jeweils auf ein Blatt Papier aufgestellt.

Spiel

Zunächst sind vier Kinder beteiligt. Die anderen schauen zu.

Annette ist als erste dran. Sie greift ein Glas und riecht daran. Stellt das Glas an seinen Platz zurück. Nimmt ein zweites Glas, riecht daran, stellt es zurück. Hat sie ein Geruchspaar gefunden, so stellt sie beide Gläser vor sich und darf zwei weitere erriechen. Hat sie kein Paar gefunden, so versucht sie sich die Plätze der Gerüche zu merken.

Jetzt ist Frank an der Reihe. usw. Wer am Schluss am meisten Geruchspaare vor sich stehen hat, ist Nasenkönig/in.

Mosaikstein 3:
Pflanzenmeditation

Voraussetzung

- Die Kinder haben durch ein Vergrößerungsglas oder auch mit dem Tageslichtprojektor verschiedene Formen von Samen, Zwiebeln, Keimen und Sprossen angeschaut.
- Die Kinder haben Blüten betrachtet und etwas über die Streuung von Samen, z.B. über Bienen oder über Wind erfahren.
- Die Kinder haben sich mit dem Welken von Blumen und ihrer Rückkehr zur Erde beschäftigt.

Material

Decken, Zimbel, Papier, Wasserfarben und Malstifte

Ort

Gymnastikraum, Kirche (Steinboden, bedeckt mit einem Kinderteppich) oder auch ein geschütztes Stück Rasen. (Darauf achten, dass man mit seiner Stimme die Kinder erreichen kann).

Die Kinder können sich zunächst sternförmig, mit den Köpfen zur Mitte, nebeneinander legen. Stimme kann mit leichter Percussion (Taburin für Regen prasseln, Zimbel für Sonnenstrahlen etc.) untermalt werden – aber bitte keine Meditationsmusik aus der Konserve! Die wirkt oft etwas einschläfernd.

Die Pflanzen-Meditation
(entsprechend diesem Vorschlag einen eigenen Wortlaut finden!)

Jedes Kind nimmt am Boden Platz auf seiner Decke. Legt sich ruhig hin. Reckt und streckt sich noch einmal kräftig, zappelt. Es findet dann aus dem Liegen *die Form eines Samens. Das kann wie ein rundes Ei aussehen oder wie ein Bogen oder was dem Kind in den Sinn kommt.*

Der Samen liegt auf einem Stück Erde, das gut riecht.

Es fällt Regen, es scheint die Sonne, in dem Keim beginnt sich etwas zu regen.

Ein Wind kommt und dreht den Samen vielleicht etwas, vielleicht hält er aber auch dem Wind stand und bleibt ganz am Platz.

An einer Stelle platzt der Samen, und es kommt ein kleiner Keim zum Vorschein.

Tag | 3-2

An einer anderen Stelle bohrt sich eine winzige Wurzel aus dem Keim und verankert sich im Boden. Der Keim wird größer, die Wurzel geht tiefer in den Boden.

Die Verankerung auf dem feuchten Boden ermöglicht es dem Keim, sich weiter und weiter dem Licht entgegen zu stemmen. Ein Frost lässt den Keim sich noch einmal zurückziehen. Doch mit dem nächsten Sonnenstrahl: Blätter entfalten sich, eine Knospe formt sich.

Doch da, die Sonne wird zu warm, es hat lange nicht geregnet, die Blume lässt ihre Blätter sinken, die Knospe neigt sich auch schon ...

Endlich: warmer Regen, die Pflanze reckt sich wieder, wächst, Sonne kommt dazu, die Knospe platzt auf, die Blüte entfaltet sich und reckt sich zur Sonne hin.

Manche Blüten schließen sich nachts. Andere drehen sich nach der Sonne.

Was macht deine Blume? Sie verströmt einen besonderen Duft – kannst du ihn riechen?

Sie wird von Bienen und Hummeln umsummt, eine lässt sich auf ihr nieder und trinkt ihren Blütensaft.

Ein Wind kommt, ein Blütenblatt löst sich, Samen werden reif und fest, der Wind wird heftiger und kälter, die Blume knickt ein, senkt sich zu Boden, der Samen rollt im Wind an einen anderen Platz.

Es wird kalt. Eine Laubdecke breitet sich über dem Keim aus. Er schläft, bis er vom Frühling zu neuem Leben erweckt wird.

Einen Moment noch Ruhe (Klang). *Jetzt können sich die Kinder wieder recken und strecken.*

Mosaikstein 4:

Malen

Wenn man weitermachen möchte, so werden die Decken jetzt weggeräumt.

Papier wird verteilt oder ein großes Papier wird ausgerollt, so weit, dass alle beteiligten Kinder einen Platz nebeneinander finden. In kleinen Näpfen stehen Wasserfarben und Pinsel bereit und jedes Kind kann nun seine Blume malen. So entsteht aus der Bewegungsmeditation heraus ein Blumenfries.

Das darf dann aufgehängt werden – vielleicht sogar in der Kirche.

Hinweis zur Achtsamkeit bei der Präsentation kindlicher Werke

Dass es sinnvoll ist, die Produkte der Kinder aufzuhängen oder auszustellen, weiß jede Erzieherin.

Es weckt noch mehr Aufmerksamkeit, wenn man dabei mit Sinn für die besondere Ästhetik der kindlichen Werke vorgeht. Zum Beispiel kann man sie aufhängen, ohne dass ein Stück Tesakrepp zu sehen ist. Dafür doppelt man die Klebestreifen und bringt sie auf der Rückseite der Bilder an.

Man kann die Bilder auch aufwerten, in dem man ihnen ein Passepartout aus farblich passendem Tonpapier gibt. Es ist schön und interessant, die Bilder mit den Kindern farblich anzupassen und zu betrachten, welches Bild vor welchem Hintergrund wie wirkt.

Man kann sich auch vom Zivi oder von handwerklich geschickten Vätern einfache Holzrahmen bauen lassen, diese mit einem festen Papprücken in je anderer Grundfarbe versehen und in Reichweite aufhängen. Wechsel-Rahmen. Da können immer neue Bilder hineingeklebt werden.

Und das Entsorgen ...

Die Sorgfalt, die Sie zum Aufhängen der Bilder verwenden, sollten Sie auch beim Abhängen walten lassen. Die Bilder möglichst nicht zu lange hängen lassen. Denn nach sechs Wochen gibt es längst etwas Neues zum Aufhängen – oder auch mal nichts. Leere. Damit sichtbar wird: Es ist wieder Platz für Neues da.

Mosaikstein 5:
Blätter pressen

Eine Blumenpresse ist leicht herzustellen. Da man in unserem Falle mehrere braucht, ggfs. Väter darum bitten.

Zwei quadratisch geschnittene Holzbretter (Kantenlänge ca. 30 cm, Stärke 0,5 cm), mehrere Lagen Zeitungspapier und 3-mal 2 Lagen Löschpapier in der gleichen Größe zuschneiden. Bretter in den Ecken durchbohren, Lochstärke entsprechend der verwendeten Schlüsselschrauben. Die Papierecken schräg abschneiden. Die Schlüsselschrauben in den Löchern anbringen.

Das Pressgut jeweils schön ausgebreitet zwischen die Löschblätter legen (3 Schichten sind möglich, dazwischen immer etwas mit den Lagen Zeitungspapier dämmen), die Schrauben in allen 4 Ecken gleichmäßig fest anziehen. 3 bis 5 Tage pressen.

Aus den gepressten Blättern kann später ein Wandfries erstellt werden.

Mosaikstein 6:
Blättertanz

Bei einem Spaziergang im Park pflücken sich die Kinder je zwei größere Blätter von einem Baum oder Strauch.

Die Blätter werden betrachtet, die jeweilige Form beschrieben.

Die Kinder legen sich die Blätter nun auf die flache Innenhand.
Nicht mit den Fingern festhalten!

Wir lassen eine ruhige Musik (z.B. CD von H.J. Hufeisen) erklingen. Die Kinder beginnen sich zur Musik zu bewegen und balancieren dabei die Blätter auf ihren Händen durch den Raum. Trotz auch kreisender vielfältiger Armbewegungen sollte möglichst kein Blatt dabei fallen.

Wenn doch… macht ja nichts, aufheben und wieder auf die Hände legen.

Man kann es dann auch mit den Blättern auf den Handrücken probieren.

Und natürlich kann ein Wettspiel daraus werden: Wessen Blätter bleiben am längsten auf den Händen? Aber Achtung, wegen der Unterschiedlichkeit der Blätter wird es da einige Diskussionen geben.

Mosaikstein 7:
Bäume-im-Wind-Spiel

Jedes Kind wählt sich einen Platz, einzeln für sich im Raum, und steht wie ein Baum fest in der Erde verwurzelt. Über Gewichtsverlagerung in den Füßen beginnt der Baumstamm in seiner ganzen Länge (nicht in der Körpermitte abknicken) leicht nach vorne, nach hinten und dann auch zu den Seiten zu schwanken. Die Fersen bleiben dabei die ganze Zeit am Boden.

Dem Baum dann mit seinen Ästen (Armen) eine eigene Form geben. Ein leiser Wind kommt auf. Der Baum kommt in Bewegung, verliert aber seine Verankerung im Boden nicht. Der Wind wird stärker... Der Wind kann von allen über tönendes Ausatmen erzeugt und verstärkt werden, man kann auch einen Windschlauch dafür verwenden (siehe Material 1. Tag).

Mosaikstein 8:

Sich aufrichtende und wieder einknickende Blumen

Alle stehen so, dass sie wie Blumen auf einer Wiese gut Platz um sich herum haben.

Auf die gemeinsame Einatmung streckt sich die Blume mit ihren seitlichen Blättern (Arme) zum Himmel.

Auf die Ausatmung klappt der Blumenstängel mit einer Bewegung in der Mitte ab. (Oberkörper fällt nach unten und bleibt eine Zwischenatmung lang hängen.)

Über die Einatmung schöpft die Blume wieder Kraft und rollt sich wie ein Farn (vom Steißbein an Wirbel für Wirbel) nach oben. Die Blüte (Kopf) richtet sich zuletzt auf.

TAG | 4

Sterne, Tag und Nacht, Rhythmus der Zeiten

Und Gott sprach: Es werden **Lichter** an der Feste des Himmels,
die da scheiden **Tag und Nacht und geben Zeichen, Zeiten,**
Tage und Jahre
und seien Lichter an der Feste des Himmels, dass sie scheinen
auf die Erde. Und es geschah so.
Und Gott machte zwei große Lichter: ein großes Licht,
das den Tag regiere, und ein kleines Licht, das die Nacht regiere,
dazu auch die **Sterne**.
Und Gott setzte sie an die Feste des Himmels, dass sie schienen
auf die Erde
und den Tag und die Nacht regierten und schieden Licht und
Finsternis.
Und Gott sah, dass es gut war.
Da wurde aus Abend und Morgen der vierte Tag.

Freiheit im Takt

Nicole ist siebzehn und langweilt sich am Abend. Keiner da, keine Läden offen, die anderen trinken unentwegt Wein. Das will sie nicht. Darum geht sie gern zum Bahnhof oder auch mal zur Tankstelle, denn dann gibt es noch was zu kaufen, und da sind auch Leute, die man treffen kann. Sie wünscht sich Ladenöffnungszeiten wie in den USA, wo man auch nachts einkaufen kann. Sie könnte überhaupt auch gut nachts leben und tagsüber schlafen.

Rhythmus. Seit der Mensch selber Licht erzeugen kann, anfangs mit Kienspan, später mit der Gaslaterne, jetzt elektrisch, seitdem kann er die Nacht zum Tage machen, Maschinen rund um die Uhr laufen lassen und einkaufen, wenn die meisten schlafen. Das wurde vor allem von produzierenden Menschen und Gruppen als Befreiung aus dem Korsett des Tag-und-Nacht-Rhythmus' empfunden.

Die Debatte um die Lebens- und Verkaufszeiten ist schon eine Weile im Gange. Die alten Zeitraster lösen sich eher auf, das Internet ermöglicht schon Käufe und Kommunikation zu jeder Zeit, die Anrufmaschinen und Call-Center der Firmen auch. Die Vision dahinter: Alles soll immer gehen.

Wir wollen nicht kulturpessimistisch dagegen schimpfen, sondern auf die Folgen für das Lebensgefühl der Menschen hinweisen. Nicole lässt die Tage jetzt, nachdem sie nicht mehr zur Schule geht, immer gern auf sich zukommen. Sie hat keine festen, wiederkehrenden Termine. Nicole möchte möglichst selbstbestimmt leben, in ihrem Alter sowieso, aber auch als Kind ihrer Zeit. Alle „modernen Leute" wollen das. Die neuen Arbeitsplätze mit PC können an jedem Ort der Welt stehen und auch zu jeder Zeit bedient werden. Das erspart Fahrwege und gibt Freiheit in den Arbeits- und Lebensrhythmen. Nicole leidet aber schon jetzt manchmal an einer unbestimmten Bedrückung. Und die hat auch damit zu tun, dass ihr der Halt durch die festen Zeiten fehlt. Erst wünscht man sich die völlige Freiheit, dann wird sie zu formlos. Alles muss man selbst erfinden, das ist anstrengend. Seit sie die Ausbildung begonnen hat, geht's ihr besser, und sie genießt die Freiheit am Feierabend neu.

Das heißt also, die äußere Form gibt Halt – wenngleich mit dem Risiko der Erstarrung. Die Formlosigkeit im Äußeren gibt Freiheit – mit der Gefahr des inneren und äußeren Verfalls. Die *Balance* zwischen beiden Polen ist das Spannende.

Der 4. Tag innerhalb des Schöpfungsberichts ist einer Grundbedingung von Leben auf der Erde gewidmet: dem Rhythmus. Tag und Nacht, dann in der Folge Monate, Jahre, auch die Jahreszeiten.

Religion hat eine äußere Form. Wir meinen in unserer Gesellschaft, die Religion sei etwas Innerliches. Was ich (wenn überhaupt) glaube, ist Privatsache und geheim. Auch die Wirkungen des Glaubens sind innen. Glück oder Trost beispielsweise. An dieser Bibelstelle können wir sehen, wie klar die Alten, die solche Geschichten aufschrieben, wussten: Gott zeigt sich auch außerhalb meiner selbst in ganz konkreten Bedingungen, in Tag und Nacht, im Wald und am Sonntag. Die Geschichte der sieben Tage ist in dem Wissen festgehalten, dass es eine gute Ordnung der Welt gibt, von Gott so gefügt und von uns klugerweise auch so gelebt. Das beigefügte Schema (Aufbau des Schöpfungsberichts) zeigt die innere Logik der sieben Tage. Schon am vierten entsteht eine immer währende Abfolge, die wirkt wie der Atem, die Verdauung, der Herzschlag, die Wiederkehr der Geburtstage und Weihnachten. Sie wirkt als eine Art Versicherung in allem Ungewissen, das uns die Welt so aufgibt. Komme ich in meinen

Rhythmus, so komme ich nach Hause. Verlasse ich ihn, bin ich in der Fremde. Wie viel Fremde und wie viel Heimat ich brauche und wann was, lerne ich im Lauf des Lebens.

Wenn Kinder christlich religiös eingewiesen werden, so sollen sie lernen, dass es eine gute Ordnung gibt, die von Gott kommt und dass das Leben Rhythmen hat, die Heimat bieten.

Jeder Kindergarten weiß, wie wichtig die Rituale sind und dass Kinder sie meist streng einfordern, wenn sie aus der Ordnung geraten. Je mehr in unserem Leben zur Disposition steht, desto klarer müssen die Rituale sein, die den Menschen versichern. Die Gesellschaft fragt in den letzten Jahren sehr viel deutlicher nach Riten, die ihr zeigen, wo sie sich befindet (Trennungsrituale, Partnerschaftsrituale, Trauerformen, Schulanfänger-Ritus usw).

Das Gegebene. „Datum" ist ein lateinisches Wort und heißt auf deutsch „das Gegebene". Am vierten Tag gilt ‚das Gegebene' des Tageslaufs mit Licht und Dunkel. Auf dem Mönchsberg Athos geht man noch heute mit dem Sonnenuntergang ins Bett und steht mit der Sonne auf, ohne Uhr. Hier wird der Pol, sich ins Vorgegebene zu fügen, sehr stark gelebt. Es täte uns, die wir gerade das Gegenteil – Freiheitslust und Flexibilisierung – ausleben, gut, mehr vom alten Rhythmus wieder zu beleben. Viele Menschen, die mit Kindern arbeiten, haben das schon entdeckt: den Takt, der Freiheit begründet und den Kinder auch lieben.

Rhythmus. Spiele, die die Zeit in Abschnitte gliedern, sind bekannt. Indem Menschen in einen Takt einschwingen, nehmen sie den großen „Herzschlag" der Welt auf, den wir im Sonnenrhythmus, in den Meereswellen oder bei uns in Herz oder Atem erkennen. Wenn eine Gruppe sich rhythmisch bewegt oder klatscht und stampft, dann gerät sie aus der dahinfließenden Zeit: Viele sagen, sie wüssten nach einer längeren Rhythmusaktion gar nicht, wie lange sie real dabei waren – fünf Minuten, eine Stunde? Wenn der Takt die Beteiligten erfasst, so verschwindet das Gefühl für die messbare Zeit.

Auf diese Weise lernen die Kinder zweierlei Zeiten kennen:

- den gegliederten, äußerlich messbaren Ablauf von Stunden, Tagen und Wochen,
- die gefühlte Zeit, die empfundene – je nachdem, wie intensiv man im Geschehen enthalten ist.

Um die lebensbestimmende Wirkung der Sterne kennen zu lernen, liegt ein Spiel nahe, dass den Lauf der Sterne mit irdischen Handlungen verbindet. Viele Rhythmen unseres Lebens sind ja durch die Sterne, Mond und Sonne geprägt (Ebbe und Flut, Wachstum, Tag und Nacht).

Mosaikstein 1:
Erlebnisnacht

Für die Annäherung an den 4. Tag der Schöpfungsgeschichte schlagen wir eine Erlebnisnacht im Kindergarten oder auch in der Kirche vor. Da zieht man am Nachmittag ein mit Sack und Pack: Schlafsack, Kuscheltier, Zahnbürste und ein bisschen Aufregung.

Wenn alles etwas zur Ruhe gekommen ist, geht es los mit dem gemeinsamen Ritual, dem neuen Abschnitt der Geschichte und der Aufgabe.

Mosaikstein 2:
Rhythmusspiel Obstsalat

Alle stehen im Kreis. Verschiedenes Obst liegt sichtbar und zählbar in der Mitte (Natur oder Pappe). Die Teile werden der Reihe nach laut genannt und von allen gesprochen: fünf Bananenstücke, vier Mandarinen, drei Pfirsiche ...

Dazu kommt der Rhythmus: Es geht um einen Wechsel von Klatschen (Hände) und Klopfen (Oberschenkel).

Bei der *Zahl* klopfen die Hände immer auf die Oberschenkel (*).
Bei dem *Obststück* wird pro Silbe einmal in die Hände geklatscht (+).
Oder umgekehrt.

ein	*					
Kern		+				
zwei	*					
Trauben		+	+			
drei	*					
Erdbeeren		+	+	+		
vier	*					
Haselnüsse		+	+	+	+	
fünf	*					
Bananenstücke		+	+	+	+	+
vier	*					
Mandarinen	+	+	+	+		
drei	*					
Pfirsiche	+	+	+			
zwei	*					
Birnen	+	+				

Zunächst spricht und klopft die ganze Gruppe. Achtung: möglichst nicht schneller werden.

Dann sagt die Gruppe gemeinsam nur noch die Zahl – und der Reihe nach nennt jede/r das Obststück, das gerade dran ist.

Zum Schluss die Klopf- und Klatsch-Pyramide ganz ohne Worte klopfen und klatschen. So lange wie möglich in gleichmäßigem Rhythmus halten.

Ältere Kinder können auch entsprechend der Silbenzahl andere Worte einfügen. Das wird dann ein verhexter Salat: 1 Ei, 2 Haare, 3 Tomaten, 4 Lorbeerblätter, 5 Stachelschweinohren usw.

Mosaikstein 3:
Sterne gucken

Wir brauchen:

einen Tageslicht-Projektor,
schwarzes Tonpapier DinA5 oder größer
(für jedes Kind 2 bis 3 Blätter),
weiße Farbstifte,
farbiges Transparentpapier,
Scheren, Klebstifte, Tesafilm und Tesaband

Jedes Kind malt mit dem weißen Stift einen Stern oder auch mehrere auf sein schwarzes Blatt Papier und schneidet dann eine Sternschablone aus. Der Stern kann dann mit einem farbigen Transparentpapier unterlegt werden (wie beim klassischen Laterne Bauen).

Die Schablonen werden mit Tesafilm zu einem Streifen aneinander gefügt und mittig auf die Glasplatte des Projektors gelegt. Oben und unten wird die Glasplatte ebenfalls mit schwarzem Papier abgedeckt, so dass nur durch die Sterne Projektionslicht dringt.

Die Kinder liegen am Boden. Langsam wird der Sternstreifen über die Lichtfläche gezogen. Der Projektionsspiegel muss so gerichtet werden, dass man die Sterne – größer und kleiner – an der Decke und durch den Raum wandern sehen kann.

Nach einem ersten Durchlauf der Sterne setzen sich alle im Kreis zusammen und überlegen für jeden Stern eine tönende Untermalung.

Zum Beispiel: wenn der grüne Stern von Nicole erscheint, klatschen wir alle einen Rhythmus, wenn der gelbe Stern von Stefan kommt, stehen wir auf und stampfen kräftig auf, beim roten Stern von Cornelia zischeln wir, beim goldenen Stern von Niklas machen wir eine Stimm-Rakete usw.

Bei der Projektion darauf achten, dass die Aufeinanderfolge der verschiedenen Sterne einerseits rhythmisch verläuft, hin und wieder aber auch eine Überraschung einbauen (wie ein plötzlicher Wetterumschwung), das heißt die eine oder andere Schablone zwischendurch auswechseln.

Mosaikstein 4:

Himmelstuch

Auf einem großen blauen Baumwollstoff können wir mittels der Stern-Schablonen und gelber Stofffarbe noch ein Himmelstuch gestalten.

Geschichte zur Nacht: Das Märchen vom Sterntaler
Lied: Weißt du, wie viel Sternlein stehen

Mosaikstein 5:

Kerzen im Raum

In einem abgedunkelten Raum (Gymnastikraum oder auch Kirche; es muss nicht Nacht sein, aber dunkel!) ist eine möglichst große Spielfläche mit einem **Tau** markiert. Der Zugang zur Spielfläche ist deutlich erkennbar.

Hier stehen für jedes Kind eine **Kerze** (am besten Stumpenkerzen mit festen Untersetzern, wenn vorhanden, sonst Teelichter im farblosen oder auch mit gelbem Transparentpapier beklebten Glas) parat.
Daneben steht ein Glas mit Streichhölzern.

Jedes Kind nimmt sich von einem Tablett eine **Streichholzschachtel** mit einem **Gummibären** (Warte-Trost) darin und einer **Nummer** darauf. Das sind die Platzkarten, die festlegen, wann man dran ist.

Die Kinder sitzen auf Sitzkissen oder Stühlen hinter dem Tau. Es geht darum, dass nun ein Kind nach dem anderen selbstständig mit einem Streichholz seine Kerze am Eingang der Spielfläche anzündet und dann im zuvor genannten und markierten Spielraum an einem selbst gewählten Platz abstellt. Gemeinsames Ziel ist, dass zum Schluss, wenn alle Kerzen leuchten, der Raum möglichst gut ausgeleuchtet ist.

Regel. Es ist immer nur ein Kind zur Zeit auf der Spielfläche. Ich darf mir Zeit lassen, den Platz für meine Kerze zu finden. An welcher Stelle ich dran bin, ist durch die Zahl auf meiner Streichholzschachtel vorgegeben.

Eine ruhige Musik mit einfachen, klaren Rhythmen unterstützt die Zeremonie. Am schönsten ist dafür ein improvisierendes Life-Instrument. In der Kirche kann man vielleicht sogar den Organisten dafür gewinnen. Zwischendurch kann auch gesungen werden. Zum Beispiel immer eine Strophe von „Weißt du, wie viel Sternlein stehen“

Wassertiere – Fische und Lufttiere – Vögel

Und Gott sprach: Es wimmle das **Wasser** von lebendigem Getier,
und Vögel sollen fliegen auf Erden unter der **Himmelsfeste**.
Und Gott schuf große **Walfische** und alles Getier, das da lebt
und webt, davon das Wasser wimmelt, ein jedes nach seiner Art,
und alle gefiederten **Vögel**, einen jeden nach seiner Art.
Und Gott sah, dass es gut war.
Und Gott segnete sie und sprach: Seid fruchtbar und mehret
euch und erfüllt das Wasser im Meer, und die Vögel sollen sich
auf der Erde vermehren.
Da wurde aus Abend und Morgen der fünfte Tag.

Ordnung

Der fünfte Tag der Schöpfung setzt die Verläufe des zweiten fort (so wie der vierte die des ersten). Am zweiten entstanden zwei Gewölbe, Himmel oben und Wasser-Ur-Flut unten. Jetzt werden diese beiden Welten belebt: Oben Vögel, unten Fische. Es ist, als würde die Mitte, das Land und die Pflanzen (dritter Tag), und schließlich Landtiere und Menschen (sechster Tag) jeweils erst einmal eingerahmt und vorbereitet durch ein Oben und ein Unten. Deren Leben hat einen Rahmen, in den es und er hineingesetzt wird. Auch hier wieder der große Wille zur Ordnung! Eine Weltsicht, wie geschaffen für Kinder, die in Sicherheit und Geborgenheit ihre Welt kennen lernen sollen. Dies System lässt sich in den Spielen und Übungen aufnehmen. Was am ersten, zweiten und dritten Tag entsteht, lässt sich am vierten, fünften und sechsten jeweils komplettieren, aufstocken oder verändern. So wird auch im Verlauf der Schöpfungstage die Logik des Aufbaus deutlich.
Leben im Schwarm. Ein Motiv des fünften Tages empfiehlt sich der Aufmerksamkeit, auch wenn es nicht so ausdrücklich in der Bibel steht: Eine Bewegung der Tiere, die wir aus vielen Filmen und aus eigener Anschauung kennen – der Schwarm als Lebens- und Bewegungsform von Vögeln und Fischen. (Und im Weiteren ggfs. auch das Einzelgängertum. Bei Fischen, Vögeln und Menschen gibt es beide Formen.)

Pädagogik und Theologie fördern im Moment stark die Entwicklung der einzelnen Person. Das ist gut so und als Gegenbewegung gegen den gleichmachenden Totalitarismus der Weltkriege dringend nötig gewesen. Auch gegen die Verführungen der „Glotze" und der Werbung will eine Person anwachsen, die weiß, was sie *selbst* wert ist – ohne Geld, Show oder Ausstattung. Die christliche Religion hat in Europa mit dafür gesorgt, dass das Individuum seinen Eigenwert bekommt. Nachdem Gott Heiligabend in *einem Menschen* erschien, konnte man nachfolgend in allen einzelnen Menschen Gott vermuten und entsprechend würdigen.

Aber das Prinzip des Chores, des Ensembles und des Teams kommt neu in den Blick und wird auch da wichtig, wo Menschen Geld verdienen wollen – nicht nur in der Kirche.

Kinder wachsen heute in kleineren Familien auf als früher. Opa Piepenbrink hat noch auf einem Hof mit sechs Geschwistern und elf Knechten und Mägden gelebt. Er kannte das Prinzip des „Schwarms" von der ersten Minute an. Da war manches für unsere Begriffe steinzeitlich. Die Kinder mussten immer auf Schlag zum Essen da sein, sonst gab's nichts, man schlief (auch später in der Ausbildung) im Sechs-Bett-Zimmer. Ein Fahrrad gab's für drei. Und wer persönliche Extra-Wünsche hatte, musste auf ihre Erfüllung Jahre warten. Opa Piepenbrink schmunzelt nur, wenn jetzt die Kinder über Kürzungen bei der Sozialhilfe klagen. Er kennt ganz andere Verhältnisse, die aber abgefangen waren durch den Verbund auf dem Hof. Trotzdem liebt er heute sein Zimmer, das er im Heim für sich allein hat. Er möchte nicht wieder mit fünf anderen schlafen müssen.

Sein Enkel Michi lebt mit einem kleinen Schwesterchen und Mama auf der Etage. Trotz knappen Geldes hat jede Person ihr Zimmer. Michi bekommt zum Geburtstag und zu Weihnachten fast immer, was er sich gewünscht hat – und die Werbung zeigt ihm, was man wünschen kann. Der Gebrauchtwarenmarkt bei Ebay z.B. wirft so viel ordentliche Ware ab, dass man gut von dem leben kann, was andere nicht mehr brauchen.

Michi lernt also früh, dass Wünsche zu stillen sind und dass er was gilt im kleinen Dreier-Verbund zu Hause. Mama hat oft genug ein schlechtes Gewissen, dass es keinen Papa gibt – das lässt sich nutzen. Michi hat deutlich mehr zu melden als sein Opa. Aber wir wissen nicht, wie er reagieren wird, wenn er keinen Ausbildungsplatz bekommt ...

Die Gesellschaft suggeriert viel Erfüllung durchs Kaufen und lehrt uns das als Grundprinzip. Aber wenn die Jungen größer

werden, ist der Arbeitsmarkt zu. Dann ist es nichts mit dem Kaufen. Dann sollen sie mühsam und fast zu spät lernen, was Verzicht ist. Schließlich war doch das meiste bislang im Leben zu haben. Die Lehrerin hat auch schon mal gefragt, ob Michi nicht ein Mannschaftssport gut täte, denn er liebt die Extra-Wurst, steht aber dadurch oft abseits. Das bewirkt seine Angst, zwischen den anderen unterzugehen. Die wird er nur überwinden, wenn er lernt, wie viel er im Verbund der Gruppe wert ist. Die Gruppe kann ihm schließlich auch Halt geben, selbst wenn sie ihn erst einmal infrage stellt.

Wir möchten mit diesem Beispiel auf eine Entwicklung hinweisen. Vielleicht ist es mehr als früher die Aufgabe von Kindergruppen, Kirchengemeinden und Kindergärten, die neuen Menschen auf das Leben in der Gruppe, im Schwarm vorzubereiten, wo nicht jeder bekommt, was er will, aber dafür das unschätzbare Gefühl erfährt, aufgehoben zu sein. Wo er oder sie nicht immer so viel selbst entscheiden muss. Vielleicht ist das „Eingewobensein" die Lektion, die *vor* der Individualisierung zu lernen ist. Zuhause passiert das nicht mehr. Eine Familie mit zwei Kindern ist noch kein Schwarm. Drei bis sechs Kinder müssen ganz anders aneinander lernen, wie man zusammen zurecht kommt, als zwei.

Wer nur auf sich selbst setzt, wird unter Umständen abgehängt, es sei denn, er oder sie ist eine ganz originelle Figur. Wer heute bestehen will, muss verstehen, was die eigene Gabe im Konzert der Mitarbeitenden, Mitsingenden und Mitspieler wert ist und wie sie sich einfügt, ohne dabei klein zu werden.

Wir schlagen vor, die Bewegung der Luft- und Wassertiere (die man auch bei Herden auf dem Land beobachten kann) aufzunehmen und ihre Logik nachzuahmen (siehe **Mosaiksteine 2** und **5**).

So können die Kinder lernen, wie in der Schöpfung die Würde der Einzelperson genauso aufgehoben ist wie das wache Leben im Schwarm.

Jesus hat sich ja auch seinen Schwarm zusammengesucht, selbst wenn er als Typ eher singulär gedacht und gelebt hat. Allein ohne Jünger und Jüngerinnen wäre nichts von seinem Leben verbreitet worden nach seinem Tod, und alles, was später Gemeinde voranbringt, das beruht auf Teamgeist – ohne Unterdrückung der Gaben der einzelner.

Während wir am zweiten Tag beim Pfützenleben das Wasser mehr von seiner Oberfläche her betrachtet haben, geht es jetzt am fünften Schöpfungstag um das Leben im Wasser.

Und im zweiten Teil geht es wieder um Luft, das Leben in der Luft. Schwimmen und Fliegen sind die Bewegungselemente. Für das Wasser haben wir eine ruhige Aktion im Raum ausgewählt, beim Fliegen geht es dann bewegter zu.

Kann man voraussetzen, dass Kinder Fische kennen? Bunte Fische, nicht nur Fischstäbchen oder Hering in Sahnesoße? Eigentlich muss man mit ihnen zunächst eine der Meeres-Aquarien-Welten oder zumindest ein Aquarium in einem chinesischen Restaurant oder (nach vorheriger Absprache mit den Verkäufern) ein Aquarien-Center besuchen, damit sie einmal die Farb- und Formwelt der Fische und ihre Bewegungen in sich aufnehmen. So ein Ausflug ist ja schon mal vor dem Schöpfungsprojekt möglich.

Oder man leiht einige Bücher aus der Bibliothek und betrachtet sie gelegentlich mit den Kindern. Dabei die Aufmerksamkeit auf Farben, Formen und Muster richten.

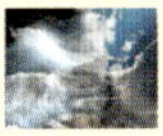

Mosaikstein 1:

Sanft rollende Wellen

Zur Einstimmung

Alle legen sich rücklings nebeneinander auf den Boden. Die Arme strecken sich über den Kopf, bleiben dabei am Boden.

Nun über die Längsseiten in einer Richtung rollen. Stoppen. In die andere Richtung zurück rollen. Stoppen, usw. Ein Hin und Her entstehen lassen.

Wenn zwei aneinander stoßen, entsteht Gischt. Also kurz aufsetzen und kräftig mit den Armen wedeln. Dann wieder legen und sich in die Wellenbewegung der Gruppe einfinden.

Mit einem leichten Schwungtuch, dass die ‚liegenden Wellen' sanft berührt, können vier Leute noch Wellen von außen hinzufügen. Dafür das Tuch an allen vier Ecken halten und wellenartig bewegen.

Mosaikstein 2:

Fantasie- und Traumreise mit Bewegung

Zu *Meeresrauschen* aus der Musikkiste (CD) beginnen die Kinder, sich in Fische zu verwandeln und im Gehen zu schwimmen. Wie geht das? Na, hauptsächlich erst mal über Armbewegungen. Die Arme werden zu Flossen, die an den Seiten flattern und die Geschwindigkeit bestimmen. Die Fische schlängeln sich, sie schwimmen im Schwarm, manche schwimmen auch dagegen, sie stoßen mit ihren Mäulern an Hindernisse, Wände an usw. Nach ca. vier Minuten wieder zurückverwandeln.

Das Meeresrauschen wird leiser. Alle legen sich auf den Boden und schließen die Augen. Ein Traum beginnt.

> Du setzt eine Taucherbrille auf, steigst ins Wasser und schwimmst so, dass du gut Fische und Seepferdchen und Muscheln und Korallen und … unter Wasser beobachten kannst.
>
> Du schaust dir alles gut an, bis dir ein Fisch besonders gut gefällt. Den verfolgst du nun, ohne ihn zu stören.
>
> Schau genau hin. Welche Form hat er? Welche Farben, welche Muster kannst du auf seiner Haut erkennen, wie sind seine Flossen, sein Schwanz? Merke es dir gut.
>
> Dann sagst du *tschüß* zu dem Fisch, schwimmst wieder an Land, nimmst die Taucherbrille ab, trocknest dich und kommst hier im Raum an.

Die Meeres-Musik verebbt. Jetzt kann man kurz erzählen lassen, was sie alles gesehen haben, da unter Wasser, aber bevor die Erlebnis-Energie versackt, beginnen wir mit der Aktivität – **Mosaikstein 3.**

Mosaikstein 3:

3 m^3 Südsee – ein Aquarium bauen

Wir brauchen:

Gutes, festes Malpapier in DinA4 und DinA3,
Scheren, Klebstoff,
schwarze Stifte, Farbstifte (Yaxon-Malkreiden sind besonders farbintensiv), Wasserfarben, Perlonschnur, eine dicke Stopfnadel.

Für das Aquarium: Tisch mit 4 Eckbeinen, 2 Holzleisten entsprechend der Längsseite des Tisches, 6 Holzleisten entsprechend der Tiefe des Tisches (ca. 70 cm) , Reißzwecken.

Zunächst den Umriss eines Fisches malen. Diesen dann ausschneiden und als Schablone für seine zweite Hälfte oder auch für mehrere gleiche Fische nutzen.

Gedacht ist, dass jeweils zwei Hälften aneinander geklebt werden können. Vor dem Malen ist darauf zu achten: Die eine Seite vom Fisch sollte mit Maul nach rechts, die andere mit Maul nach links bemalt werden. Andernfalls bemalt man einmal die Innenseite. (Niemand sagt übrigens, dass brav die eine Seite gleich der anderen bemalt werden sollte. Kann aber natürlich.)

Sind die bemalten Fische getrocknet, werden sie aneinander geklebt. Anschließend wird mit der Stopfnadel ein Loch gestochen, durch das dann die Perlonschnur kommt. Aber vorher bitte austarieren, damit der Fisch so hängt, wie seine Schöpferin es möchte.

Sind die Fische so weit fertig, werden sie ins *Aquarium* gehängt. An jeder Holzleiste können vier oder fünf Fische angebracht werden. Dafür die Perlonschnur mit Reißzwecken so an einer Leiste befestigen, dass der Fisch in der gewünschten Höhe hängt. Auf die Strömung (Richtung der Fische) achten. Will man sie nicht so in Reih und Glied, kann man sie auch untereinander mittels einem Stückchen Peronschnur in Verbindung bringen.

Dies Aquarium kann nun für eine Zeit das Foyer der Kindertagesstätte schmücken oder den Eingang der Kirche. Und beim Fest am siebten Tag gehört es natürlich auch dazu.

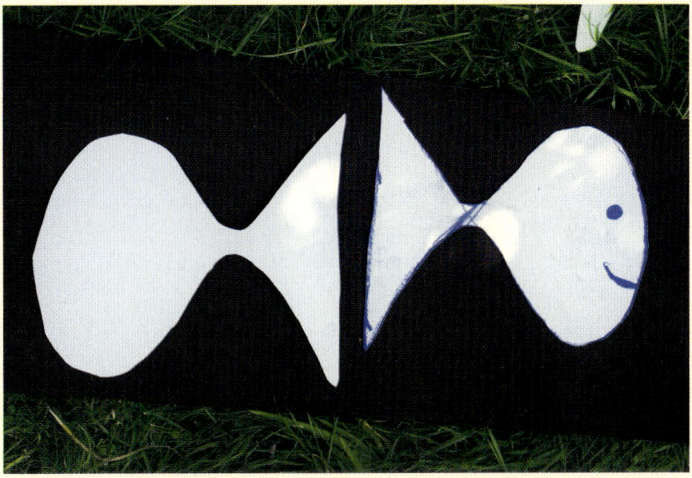

Mosaikstein 4:
Belebter Himmel

Zur Einstimmung in das Luftelement und die Vogelwelt kann man gut etwas aufgreifen von den Atem-Übungen des zweiten Schöpfungstages. (siehe S. 57)

Vogel-Atmosphäre entsteht sogleich, wenn im Raum Vogelstimmen erklingen. Die sind leicht auf CD zu erhalten.

Dazu kann man den Kindern leichte Daunenfedern (Bastelladen) auf die Hand geben, die sozusagen von selbst zum Pusten animieren. Hinzufügen muss man dann nur noch, dass möglichst keine Feder auf den Boden fallen soll. Also man pustet sie von der Hand, folgt ihr ein Stück und fängt sie wieder ein.

Mosaikstein 5:
Vogelflug – Forschung in Bewegung

Frage an alle: Was tun Vögel, wenn sie fliegen?

Klar, sie breiten ihre Flügel aus, sie schwingen, flattern, segeln, schwirren, rütteln, treiben, ziehen Kreise, schnellen hoch, steigen auf im Wind, stürzen herab und schweben ...

Wir sammeln all die Flugbeschreibungen – das ist auch eine sprachliche Übung.

Und weiter: Wie bewegen sie ihre Flügel bei den verschiedenen Flugarten?
Mit den Kindern gemeinsam entwickeln wir verschiedene Flugbewegungen.

Zum Beispiel

Flügel ausbreiten und schwingen

Arme zu beiden Seiten ausbreiten und schwingen. Die Ellbogen führen die Schwingbewegung, sie beschreiben kleine Kreise nach hinten, oben, vorne und unten. Unterarme und Hände folgen der schwingenden Bewegung.

Segeln und Kreisen

Beim Segeln mit ausgebreiteten Armen können die Ellbogen ruhen. Die Arme bewegen sich in entgegengesetzter Richtung: rechter Arm nach unten, linker Arm nach oben. Wir kommen in eine runde, kreisende Fortbewegung.

Flattern

Angewinkelte Arme seitlich schnell auf und nieder bewegen. Kleine schnelle Schritte dazu.

Nun können die Kinder selbst weitere Flugbewegungen entwickeln. Nach einigen Minuten des Ausprobierens zeigen einige, welche Flugart sie gefunden haben.

Diese werden dann von der ganzen Gruppe übernommen. Um die Bewegungen wiederholbar zu machen und miteinander zu kombinieren, gibt man ihnen jeweils einen Namen.

Formationen. Typisch am Vogelflug sind die Formationen. Besonders gut zu sehen bei den Zugvögeln, die sich im Herbst zu ihren Überlandflügen gen Süden formieren.

Auch wir fliegen in Scharen, gleichzeitig gemeinsam mit den gleichen Flugformen. An der Spitze fliegt immer ein Kind, das die jeweilige Flugform vorgibt. Der Führungsvogel wechselt mit der jeweiligen Flugform. Wenn es der Platz erlaubt, können wir in einer keilförmigen Reihe fliegen oder in Grüppchen oder in einem dichten Pulk. Am besten auch mal draußen auf dem Hof probieren.

Mosaikstein 6:
Einfache Vogelmasken

Wir brauchen:

Tonpapier in DinA4 in Gelb, Orange und Rot.
(Gänse)Federn, (am besten von einem Ausflug auf dem Land mitbringen lassen oder im Herbst an einem Geflügelstand auf dem Markt erfragen).
Klebestift, Tesafilm, große Gummi-Ringe (z.B. X-Bänder, Ø ca. 11 cm);
schwarze, blaue und braune oder auch ganz bunte Tücher, etwa 1,20 m^2 groß.

So wird's gemacht:

Das Tonpapier wird über die Breitseite zu einem Schnabel gedreht. Die eine Seite endet in einer Spitze, die andere mit einem Durchmesser von 9 bis 11 cm, so dass Nase und Kinn hineinpassen. Mit Tesafilm befestigen. Die Spitze an der Breitseite nach innen umschlagen oder abschneiden.

Für die (transparente) Befestigung den Schnabel so vor das Gesicht halten, wie man ihn haben möchte und da, wo er an den Nasenrücken stößt einen Klebestreifen am Schnabel anbringen und eine ca. 8 cm lange Tesa-Lasche hinaufführen und an der Rückseite gegenkleben. Ein gut sitzendes Gummi-Stirnband kann den Schnabel an dieser Tesa-Lasche halten. Andere Halterungsmöglichkeit: in Wangenhöhe links und rechts mit der Lochzange ein Loch stechen, dies mit Tesa (innen anbringen) vor dem Ausreißen schützen. Ein Stück Hutgummi, das dann um den Kopf herumführt, an den Löchern befestigen.

Nun 2 bis 4 Federn auswählen und sie am Kiel jeweils innen am Schnabel befestigen, dass sie seitlich die Wangen bedecken und nach oben auch die Stirn.

Zur Vervollständigung des Vogels wird noch ein Tuch über Rücken und Arme gelegt. So haben die Flügel mehr Schwung und Flattermöglichkeiten. Nun kann der Vogelschwarm noch einmal im Hof starten und die verschiedenen Flugarten zum Besten geben.

Jedes Kind fliegt einmal einzeln in seinem Vogelkostüm. Mit der Digitalkamera versucht einer von den Großen die einzelnen Vögel so aufzunehmen, dass die optische Täuschung gelingt und man sie fliegen sieht. (Digitalaufnahmen eignen sich besonders, da man sie später dann über einen Beamer hoch an die Wand oder auch an die Decke werfen kann.)

Tag | 6

Tiere auf dem Land

Und Gott sprach: Die Erde bringe hervor lebendiges Getier,
ein jedes nach seiner Art: **Vieh**, Gewürm und **Tiere des Feldes**,
ein jedes nach seiner Art. Und es geschah so.
Und Gott machte die Tiere des Feldes, ein jedes nach seiner Art,
und das Vieh nach seiner Art und alles Gewürm des Erdbodens
nach seiner Art. Und Gott sah, dass es gut war.

Nie einsam

Ohne Fred kann Elena (7) nicht einschlafen, Fred ist der Rumpf eines Stofffroschs, den sie zur Taufe bekommen hat. Den hat sie fast bis zur Unkenntlichkeit abgeliebt, aber der Rest reicht ihr als Gegenwart von Fred. Sie weiß ja, wer es ist. Wenn sie im Dunkeln hinübergleitet in den Schlaf-Dämmer – damit auch zurück in die Zeit des Bauches, in diesen Zustand vorbewussten Daseins –, dann ist Fred ihr Begleiter auf einem eher einsamen Weg. Wenn Mama schon nicht neben ihr liegt beim Einschlafen wie früher, dann immerhin Fred.

Die sich mit den Anfängen des menschlichen Lebens im Mutterschoß befassen, die sehen den Menschen schon dort verbunden mit etwas Zweitem, Lebenden neben ihm, mit der Plazenta zum Beispiel. Später, im Bauch, an der Brust, mit der Mama, dann mit anderen Menschen, vielleicht mit einer Lebenspartnerschaft, in Alter und Tod zurück – wie im Kindesalter – zu Mama und Papa und den Erinnerungen lebendiger Gegenwart von Freunden, schließlich in Träumen von Engeln und Geistern, die die Person umgeben, eher gesichtslos, aber spürbar gegenwärtig.

Der Mensch lebt nicht abgekapselt, also nicht aus sich und für sich, sondern aus der Gegenwart von anderem und anderen. Wenn sie mit *Fred* spricht, weiß Elena, wer *sie* ist. Jeder Mensch braucht ein *Du*, damit er sich selbst fühlen und begreifen lernt. Fred symbolisiert das „immer gegenwärtige Du“. Das *Du* begegnet auch in Mama und Papa, in Lehrern und Lehrerinnen, eben in vielen denkbaren, erlebbaren *Du*'s. Aber Fred zeigt die dauernde Präsenz dieses *Du*. Daher muss er immer mit. Jedenfalls immer dann, wenn kein anderes *Du* ihn vorübergehend überflüssig macht.

Das große *Du* der Christen ist Gott, daher beten sie dahin. Der ist auch immer da und geht immer mit. Sie wenden sich mit ihrer ganzen Existenz hin zu dem großen Anderen, das alle *Du*'s enthält und auch das eigene Ich. Das schließt nicht aus, dass auch erwachsene Christen ihr Kuscheltier mit in den Koffer packen, wenn sie losfahren. Andere glauben an oder sehen gar Engel, die ihnen gegenwärtiger sind als ein unsichtbarer Gott. Wieder andere beziehen sich auf Jesus als dem *Du* ihres Lebens.

Wichtig ist hier:

Wenn jedes Kind ein Kuscheltier mitbringt und vorstellt, wird spürbar, wie allgemein das Bedürfnis nach Begleitung durch ein anderes Wesen ist. Gerade weil es nichts sagt oder will, eignet es sich so gut für die Fantasie. Es repräsentiert den inneren Gesprächspartner des Kindes, das Andere in ihm, das es begleitet.

Lebendige Tiere in der Nähe des Menschen haben zu allen Zeiten ausgleichend gewirkt, weil er in ihnen – wie in den Pflanzen – einen Teil seiner eigenen Natur sehen kann, aber klarer und ohne falsche Ansprüche. Was Tiere und Kuscheltiere wollen, das ist immer instinktiv und direkt. Menschen wollen viel Kompliziertes. Fred möchte mit Elena jetzt schmusen. Sonst nichts. Dann möchte Fred essen. Dann hört Fred zu – und nur das. Mama bügelt beim Zuhören und ist genervt wegen des Telefons – das alles ist schon weniger eindeutig zugewandt. Ein Hund oder ein Frosch geht nicht ans Telefon, wenn er zuhört. Das macht sie anwesend, darum kann man sie anreden.

Die Kinder sollen ihre Stofftiere mitbringen, um dieses Leben zwischen ihnen zu zeigen – und damit die Wirklichkeit innerer Gespräche, die mithilfe der Tiere in den Kindern passieren und sie in Bewegung halten. Man bringt vielleicht nicht das liebste Tier mit, das ist zu nah, aber andere, mit denen sich etwas verbindet.

Die Bibel ordnet gleich vom Start weg die Tiere dem Menschen zu. Er soll sich die Tierwelt unterordnen. Er kann es auch, weil er Sprache hat, die ihm Denken ermöglicht. Und wer denken kann, hat ein anderes Treppchen erreicht. Dieses Weltbild hat einen etwas imperialen Zug, und wer heute Rinder aufisst und damit lebt, dass sie in Mengen getötet werden, hat die Bibel in gewisser Weise auf seiner Seite. Sie legitimiert diesen Umgang mit den Pflanzen und Tieren deutlicher als andere Weltanschauungen, die Menschen und Natur mehr als Einheit sehen und den Menschen daher warnen, Tiere zu missbrauchen oder gar zu töten. Die Kritik an menschlicher Selbstherrlichkeit gegenüber der Mitwelt ist eher im zweiten Schöpfungsbereicht zu finden, wo der Mensch nicht respektiert, dass er alles nur geliehen bekommen hat und in Beziehung zum Schöpfer bleiben muss, um es gebrauchen zu können.

Wenn die Tiere auf der Erde erscheinen, geht es darum, unterschiedliche Wesensarten sozusagen *mit Haut und Haar* wahrzunehmen und ihre gemeinsame Daseinsberechtigung anzuerkennen. Vielleicht wächst so Respekt. Wie am dritten Tag beginnen wir mit Übungen, die besonders den Tastsinn ansprechen.

TAG 6-1

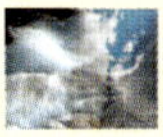

Mosaikstein 1:

Zoo auf dem Rücken

Die Kinder gehen jeweils zu zweit zusammen auf eine Decke.

Franziska legt sich bequem auf den Bauch, Julia reibt ihr – erst sanft, dann etwas fester, dann wieder sanft – den Rücken. Sie poliert sozusagen die Spielfläche. Dann macht sie einen kurzen Moment Pause.

Danach beginnt sie die Fortbewegungsarten von verschiedenen Tieren mit ihren Händen auf den Rücken von Franziska zu übertragen; die muss herausbekommen, welches Tier sie gerade auf dem Rücken hat.

Zum Beispiel

- Elefant: langsam mit lockeren Fäusten patschen.
- Ameise: leichte lockere Fingerspitzen rennen über den Rücken, hin und her.
- Pferdegalopp: die Hände bilden Hufe und setzen mit den Fingerspitzen im Galopp-Rhythmus auf.
- Grashüpfer: 4 Fingerspitzen hüpfen.
- Schlange: die Handkanten schlängeln sich den Rücken entlang.
- Krokodil: die Hand robbt sich vorwärts, hin und wieder kneifen die Finger fest zu.

Immer kurze Pausen zwischen den Tieren einhalten, damit Franziska raten kann. Natürlich kann man selber Gangarten von vielen anderen Tieren ausprobieren.

Nach etwa sieben Minuten die Rollen tauschen.

Es ist sinnvoll, mit den Kindern vorher auszuprobieren, wie man verschiedene Gangarten von Tieren mit den Händen imitieren kann.

Als „Gruppen-Weckamin" kann man den Rückenzoo auch als Übung im Kreis anleiten:

Alle stehen – linke Schulter zur Mitte – und stellen mit den Händen einen Zoo auf dem Rücken der Person dar, die vor ihnen steht. Wenn es nicht ums Raten geht, können die jeweiligen Tiere laut angesagt werden. Dann ist interessant, wie verschieden z.B. das Ameisengetrappel ausfällt.

TAG 6-1

Mosaikstein 2: Stofftiere werden lebendig

Jetzt wäre eigentlich ein Besuch im Zoo dran. Oder mindestens ein Waldspaziergang mit Vergrößerungsgläsern, um Kleintiere im Boden besser betrachten zu können. Man kann auch mal eine tote Wespe oder einen Schmetterling auf den Tageslichtprojektor legen.

Aber wenn so „Natürliches" nicht möglich ist, dann lassen wir uns eben von Stofftieren animieren. So kann's gehen:

Die Kinder bringen jeweils ein Stofftier von zu Hause mit, eines, das ihnen lieb und wert ist. Möglichst nicht größer als 40 cm^2. Sie packen es am besten noch zu Hause in ein großes weißes Papier ein, denn erst einmal soll es ein Geheimnis bleiben, welches Tier sie ausgewählt und mitgebracht haben.

Zunächst legen sie das weiße Päckchen „in seinen Käfig" unter ihren Stuhl.

Die Stühle stehen im Kreis. In der Kreismitte liegt ein großes grünes/braunes Tuch.

Wir beginnen mit einem Rate-Spiel, bei dem sich die kleinen Menschen in ihre Tiere verwandeln. Jeder soll selbst eine typische Fortbewegungsart seines Tieres und drei unterschiedliche Gefühlszustände spielen. Tierlaute können dazu genommen werden.

- Wie bewegt sich dein Tier von einem Ort zum anderen?
- Wie zeigt dein Tier, dass es wütend ist?
- Wie frisst dein Tier, wenn es hungrig ist?
- Wie sieht es aus, wenn es Angst hat?

Damit es nicht langweilig wird, können die Fragen durch andere ersetzt werden. Zum Beispiel: Wie reinigt/putzt sich dein Tier? Wie verhält es sich, wenn es sich bedroht fühlt?

Die Kinder schlüpfen eins nach dem anderen in die Rolle ihres Tieres und zeigen – wenn möglich auf der „Weide" in der Kreismitte – Fortbewegungsart und die verschiedenen Gefühlszustände. Die zuschauenden Kinder raten, um welches Tier es sich jeweils handelt. (Aber bitte nicht schon raten, bevor man etwas gesehen hat, sondern jedem Kind Zeit lassen, sein Tier auszuspielen. Zimbelklang oder kleiner Gong können hier ein Zeitlimit setzen.)

Waren alle Kinder bzw. Tiere an der Reihe, werden die mitgebrachten Stofftiere eventuell schrittweise (z.B. erst nur die Schnauze oder die Tatze oder …) ausgepackt und auf die Weide gebracht. Nun kann man noch einmal die besonderen Eigenschaften der Tiere im Vergleich erforschen.

Man kann sie der Größe nach sortieren, oder nach Kategorien wie wild und zahm, laut und leise, schnell und langsam … und wer frisst wohl am meisten?

Und schließlich: Die Tiere begegnen sich, sie jagen sich, sie treiben ihr Spiel miteinander.

Beim Abschlussfest am siebten Tag kann man Stofftiere in die grünen Weizenfelder setzen, wenn es darum geht, zu zeigen, dass die Tiere das Land bevölkern.

Tag 6

Menschen

Und Gott sprach: Lasst uns **Menschen** machen, ein Bild,
das uns gleich sei, die da herrschen über die Fische im Meer und über die Vögel unter dem Himmel und über das Vieh und über alle Tiere des Feldes und über alles Gewürm, das auf Erden kriecht.
Und Gott schuf den Menschen zu seinem Bilde, zum Bilde Gottes schuf er ihn; und schuf sie als Mann und Frau (männlich und weiblich).
Und Gott segnete sie und sprach zu ihnen: Seid fruchtbar und mehret euch und füllet die Erde und machet sie euch untertan und herrschet über die Fische im Meer und über die Vögel unter dem Himmel und über das Vieh und über alles Getier, das auf Erden kriecht.
Und Gott sprach: Sehet da, ich habe euch gegeben alle Pflanzen, die Samen bringen, auf der ganzen Erde, und alle Bäume mit Früchten, die Samen bringen, zu eurer Speise.
Aber allen Tieren auf Erden und allen Vögeln unter dem Himmel und allem Gewürm, das auf Erden lebt, habe ich alles grüne Kraut zur Nahrung gegeben. Und es geschah so.
Und Gott sah an alles, was er gemacht hatte, und siehe, es war sehr gut. Da wurde aus Abend und Morgen der sechste Tag.

a. Verwandtschaft von Pflanze und Mensch

Der sechste Tag ist durch den dritten vorbereitet: Land wurde frei durch die Verdrängung des allgegenwärtigen Wassers. Das ist der Lebensraum für Landtiere und Menschen.

Dann erschienen zweierlei Arten von Pflanzen: Samenspendende und fruchttragende, die wiederum Samen enthalten. Diese Unterscheidung der Pflanzenwelt genügt heutigen wissenschaftlichen Forschungen natürlich nicht. Man kann darin eher einen Hinweis auf die folgende männliche („samenspendende") und weibliche („fruchttragende") Lebensform von (Säuge-)Tier und Mensch sehen. (Der zweite Schöpfungsbericht spricht beim Menschen z.B. vom *Adam*, das ist hergeleitet aus dem Wort *Adamah* = Erde.)

Die den Schöpfungsbericht schrieben, hatten eine Weltsicht, die an dieser Stelle den Vorstellungen anderer Religionen ähnelt: „Jeder Teil dieser Erde ist meinem Volk heilig". Oder: „Was du außen siehst, das bist im Prinzip du, das ist auch in dir enthalten."

Vielleicht ist hier ein Ur-Ansatz zur ganzheitlichen Weltsicht angelegt, selbst wenn es dann im Folgenden heißt, der Mensch solle über die Natur herrschen. Nimmt man beide Motive zusammen, das der *Verwandtschaft* von Pflanzen (= Natur) und Menschen einerseits und das der *Herrschaft* andererseits, so entsteht daraus eine gute und weiterhin zukunftsfähige Mischung aus *Respekt* gegenüber und *Gebrauch* von Natur für das Leben der Menschen.

In diesem Sinn haben wir empfohlen, die Kinder ihre mitgebrachten Stofftiere vorstellen zu lassen: In verschiedenen Zuständen, wütend, ängstlich usw. So kann die Ähnlichkeit zwischen Mensch und Tier in den Regungen spürbar werden.

b. Verwandtschaft von Gott und Mensch

Der Mensch ist also der Natur vom Prinzip her verwandt, gehört bis in seine Fortpflanzungswege hinein in die Pflanzen- und Tierwelt. Ein Wesen der Erde. Darin ist dieser Bericht recht modern, ohne dass er neuzeitlich-wissenschaftliche Forschung gekannt hätte.

Gleichzeitig ist der Mensch mit Gott verwandt: Er ist *Abbild Gottes* – gemacht „nach seinem Bilde".

Anfangs haben wir am Beispiel einer Lehrerin beschrieben, wie dieser Begriff „Abbild Gottes" zu verstehen und zu erleben sei: Es geht nicht nur darum, sich ein Gesicht mit Bart vorzustellen, dem wir dann alle ähneln. Auch der Begriff „Gott-Vater" ist ein menschliches *Bild* von Gott, ein Hilfsmittel, wie wir das Unsichtbare (z.B. Güte, Fürsorge oder Weisheit) greifbar machen wollen. Irgendwas sieht man ja immer, wenn man „Gott" denkt. Es gibt unter uns viele andere Vorstellungen von Gott, die stark und wirksam sind (z.B. die der Energie, die alles durchzieht wie elektrischer Strom oder die des mitleidenden Gottes usw.).

Gott hat menschliches Format. Spätestens seit wir Jesus Christus kennen, wissen wir das. Gott ist keine teils grausame, teils verstehbare Schicksalsmacht, die zerstört und aufrichtet, wie sie will. Dass Melanie schon mit sieben an einem Kopftumor leidet, dass Menschen sich gegenseitig systematisch vernichten wollen, das dreht dem Jesus die Gedärme um und damit Gott. Was Menschen durchmachen, das macht auch Gott durch.

Das bedeutet: Es gibt keinen Gott mehr, der irgendwo oben alles herstellt und dann achtsam so lenkt, dass es gut wird. Das ist ein brisanter Gedanke – es fehlt nun nämlich die zentrale

Lenkung von außen. Das ist zunächst keine ganz angenehme Vorstellung. Wenn man aber an eine Zentralverwaltung im Himmel glaubt, dann muss man auch glauben, dass Gott manches absichtlich in die Büsche lenkt. Hätte er nicht alles im Griff, dann wäre er nicht mehr „Chef", und die Dinge wären ihm zum Teil entglitten. Der Glaube an Gott als „Lenker aller Dinge" verschwindet allmählich. Zu groß sind die Schrecken, die wir einander schon bereitet haben, als dass man glauben könnte, Gott leite das alles fein vom Steuersitz aus. Aber wenn keiner oben aufpasst, was dann? Ist Gott eingeschlafen? Hat er resigniert?

Vielleicht müssen wir uns darauf einrichten, dass es gar keinen Gott gibt, auch nie gab, der alles gelenkt hat. Er hat vielmehr Menschen in ihre eigene Freiheit entlassen und schaut sie an „mit weinenden Augen", wenn sie sich verrennen, und „mit glänzendem Gesicht", wenn sie tun, was ihrer göttlichen Herkunft entspricht und sie sichtbar werden lässt.

Unsere noble Abstammung zeigt sich in

- *der praktizierten Beziehung zu Gott, zu sich und zu den anderen*
  Erinnern wir noch einmal an die Lehrerin, die ihren Kindern Körner überlässt, damit sie mit diesem Anschauungsmaterial lernen, wie Brot entsteht. Sie, die Gestalterin, will etwas Bestimmtes. Aber es kommt anders: Die Kinder spielen mit den Körnern und legen Figuren auf der Erde. Die Kinder benehmen sich nicht wie willfährige Ausführende ihres Plans, sondern sie sind eigenständig entscheidende Wesen. Sie begleitet dies und besteht nicht darauf, dass geschieht, was sie geplant hat.
- *einem wachen Abwarten, was kommt*
  Vielleicht kann man sich Gottes Schöpfung analog vorstellen: Er schafft Material (Umstände, Geld, Mangel an Geld, Pflanzen usw.) herbei und setzt uns darin (mit der Geburt, unserer Herkunft und Bildung z.B.) auf eine Fährte. Aber dann ist es unser Weg – *jede Stunde neu.* Die Freude der Lehrerin beim Zusehen entsteht, weil sie nicht auf ihrem Plan beharrt: „Sie sollen jetzt lernen, wie aus Körnern Brot wird!" Dieser Plan ist an sich gut, aber in Bezug auf das momentan entstehende Glück abwegig. Würde sie ihn gegen die Ideen der Kinder durchsetzen (und das ist in der Schule normal), dann würde die Schöpfer-Lust erlahmen, und die Kleinen würden mit weniger Freude am Leben (etwas Sinnvolles) lernen. Lässt sie es laufen, lernen die Kinder anderes: wie man achtsam mit-

einander spielt, wie ein Werk entsteht, das von mehreren gleichzeitig gestaltet wird, wie viel Sinn darin besteht, manchmal Dinge nicht einlinig zweckgemäß zu verwenden; und vor allem lernen sie liebevolle und lebensfrohe Begleitung durch ihre Lehrerin kennen, die Maßstäbe setzt fürs Leben. Denn jeder Mensch liebt es, sich entfalten zu dürfen, wenn jemand wohlwollend zuschaut. Die gesamte Kultur- und Kunstszene lebt davon.

Indem sie es also zu einem anderen Ziel hin gehen lässt, zeigt sie, wie viel Vertrauen sie in die Kinder einerseits und auch in sich als Begleiterin hat. „Es wird schon was Gutes dabei herauskommen", denkt sie vielleicht, sowie sie den himmlischen Eifer der Kinder bemerkt. Alle sind für kurze Zeit erfasst von einem Geist des gemeinsamen Schaffens, und da das so selten geschieht, ist es kostbarer als alles Buchwissen.

- *unserem Respekt vor der Gegenwart eines Geistes,*
  der uns über unsere kleinen Ideen hinaus in etwas Neues führt. Man könnte ihn „Geistesgegenwart im lebendigen Glauben" nennen. „Wenn es nicht genau so wird, wie ich will, dann wird es anders und vielleicht besser kommen" – das kann ein Zaubersatz sein, der hilft, von sich und von dem abzusehen, was ich mir vorstellen kann. Das setzt aber Vertrauen voraus in diese Momente. Vielleicht steckt in ihnen Offenbarung, also eine kleine „Gotteserscheinung". Manche Menschen rechnen dauernd mit solchen Erscheinungen – im ganz Normalen. Diese Haltung nennt die Theologie „Durchlässigkeit zu Gott" oder auch einfach „Glaube".

  Mit der Fähigkeit, die himmlischen Zeichen zu sehen und zuzulassen – in der Glaubenssprache: *Verbindung zu Gott behalten* – und nicht sich selbst als Ober-Macher-Gott zu inszenieren, wird der Mensch „Abbild Gottes". Denn der tut das von Anfang an genauso, indem er immer wieder in Verbindung bleibt mit den Menschen, wohin sie auch drängen. Das erzählen fast alle Geschichten der Bibel: *wie ungebrochen diese Beziehung von Gott her gehalten wird, auch in den verrücktesten Abwegen, die Menschen gehen.*

Sind Menschen und Gott in der o.g. Weise geistesgegenwärtig verbunden, dann geht von allen Beteiligten ein Glanz aus. Der Mensch findet zu seiner Würde (und sei es am Galgen. Wie viele Berichte zeugen z.B. vom Sterben, das den Menschen nicht zerstört, sondern geradezu für die Nachwelt glänzen lässt – siehe

Stauffenberg, Gandhi, Martin Luther King, Jesus). Die Bibel spricht davon, wir seien Schwestern und Brüder Jesu, das heißt „Kinder Gottes“ – in Freiheit, aber verbunden mit dem Ursprung. Man kann auf unseren Gesichtern Gott sehen – ähnlich wie bei Jesus.

Demnach ist die Liste unserer „Abstammungsmerkmale“ noch zu erweitern:

- *Jeder Mensch kann aus Nichts eine Welt schaffen*
  „Abbild Gottes“ sein, das heißt auch: Etwas Sinnvolles schaffen zu können, ein Werk, eine Sandburg, einen Kuchen, eine Firma, eine Idee. Ähnlich wie Gott, aber mit dem großen Unterschied, dass wir nicht Welt-Erschaffende sind, sondern ein kleiner Teil der Welt mit geliehenen Schaffenskräften. Menschen, die kleine Welten erschaffen. Wo Lenker und Lenkerinnen verwechseln, wer Gott ist und wer sie selbst sind, da drohen fast immer Diktatur, Beziehungsverlust und Selbst-Herrlichkeit – bei den staatstragenden Leuten und auch zu Hause.

In den Aktivitäten dieses (halben) Tages können die Kinder *einander genauer wahrnehmen lernen* – ihr Aussehen studieren, ihre Haltungen und Bewegungen. Jede genaue Wahrnehmung steigert die Achtung. Verachtung oder Gleichgültigkeit beruhen oft auf unpräziser Wahrnehmung.

Indem wir *Menschen aus Ton formen* erleben wir das Abenteuer Schöpfung im Kleinen. Das ist ein besonderer Akt, er ist still und hat etwas Anrührendes, wenn Sie nicht nur darauf schauen, dass besonders „schöne“ oder „komplette“ Figuren entstehen. Das Tun selbst ist der Zauber.

Wer mit geschlossenen Augen den Ton formt, überlässt sich dem Material unkontrollierter als mit sehendem Auge. Der Wille weiß schon, wohin es gehen soll, aber handeln müssen die Hände, und sie sehen nicht, was es wird, sie tasten nur „unscharf“. Im Tun entsteht auch die unwillkürliche, die weniger bewusste Sicht eines Menschen von seinem eigenen Körper. Wenn die Kinder fertig sind und ihre Figur anschauen, dann staunen sie fast immer über ihre Werke. Manche sind unzufrieden, weil sie ein Idealbild im Kopf haben, das ihnen dazwischenspukt. Jedenfalls ist die Figur eine Überraschung. Dieser Moment ist bedeutsam, weil er etwas von Schöpfung überhaupt zeigt. Vielleicht war auch Gott verblüfft von dem, was er in die Welt gesetzt hatte. Schöpfung ist nie allein das, was ich will. Im

Geschaffenen begegnet etwas Eigenes, das ich nicht bis ins Letzte bestimmen kann. Das merkt man schon, wenn man einen Tisch baut und das Material den Handwerker zu anderen Formen zwingt, als er gedacht hat. Wer einen Stein behaut, damit daraus eine andere Figur wird, erlebt ständig Überraschungen mit dem Material, das abspringt, ein unerwartetes Innenleben präsentiert oder zerfällt. Mein Gegenüber ist eigen. Das gilt natürlich erst recht im Umgang mit Pflanzen, Tieren und Menschen.

Beim Tonen sind Herstellung und Ergebnis also unwägbar. Wenn die Kinder die Augenbinde abnehmen, erleben sie den Ur-Moment von Schöpfung: Das Staunen über die Eigenheit des Geschaffenen. Diesen Moment müssen Sie heilig halten und streng vor Abwertung beschützen (Vielleicht vorher etwas dazu sagen: Nicht die Glätte der Figur ist ihr Wert, sondern ihre eigenwillige Form). Klebt das Bein am Brustkorb, so ist das ein „neuer Mensch“, kein Krüppel. Die Kinder können es später korrigieren, aber zunächst geht es darum, den Moment der Begegnung auszukosten. Das vorgefertigte Zeug, das uns umgibt, ist immer schon fertig und scheint so perfekt. Auch hier hatten Schaffende den Glücksmoment der Entstehung und Eigenheit. Wir wollen das auch haben. Und lernen dabei: In die Welt eingewoben ist eine Art Eigenwille aller Materialien und Lebewesen. Man kann sie miteinander komponieren (Huhn und Wein z.B.), aber muss offen lassen, wie es schmeckt. Alles kann besser werden, als ich dachte.

Alles Geschaffene ist nie ganz berechenbar – und genau das ist das Spannende im Leben. Aus dem Dach wächst eine Blume, weil ich beim Decken aus Versehen Sand mit Samen heraufgetragen habe, der auf den warmen Ziegeln fruchtbar reagiert. Das am Brustkorb angeklebte Tonbein am Tonmenschen erzählt stumm von Melanies Hüftoperation vor drei Jahren. Liebevoll korrigiert sie den Fehler an ihrem Werk.

Womit schöpft Gott? Mit seinem Hauch, mit seiner bloßen Idee, mit seinen Händen? Und womit wird der Mensch schöpferisch? Im Zusammenspiel seiner Ideen und Hände. Die Hand ist das schöpfende, schaffende, formende Werkzeug des Menschen. Die Hand ist das ausführende Organ des Gedankens. Die schöpferische Hand formt auch das Denken. Bevor wir anfangen, mit den Händen schöpferisch tätig zu werden, schenken wir ihnen unsere Aufmerksamkeit.

Mosaikstein 1:

Meine Hände betrachten

Sich ganz konkret mit den Händen befassen bedeutet: „die Aufmerksamkeit auf das Wunder der Hände" richten.

Die Hände haben (wie der gesamte Körper) eine weiche Innenseite und eine härtere Außenseite. Das kann man fühlen.

Sie bestehen aus einem Gefüge von je 27 kleinen Knochen, die durch Sehnen und Gelenke miteinander verbunden sind.

Sie haben viele kleine starke Muskeln.

Das Handgelenk kann sich beugen, strecken und drehen, die Fingergelenke können sich beugen und spreizen.

Die sehr empfindsamen Fingerspitzen sind durch Nägel geschützt.

Die Nägel haben Rillen und manchmal auch weiße Wolken, bei jedem Menschen unterschiedlich.

Man kann die Menschen am Abdruck ihrer Finger unterscheiden (kann man mithilfe eines Stempelkissens und Vergrößerungsglas demonstrieren).

Auf den Handtellern kann man Linien erkennen, die bei jedem Menschen etwas anders verlaufen. Sie haben Namen. Von den drei größten heißt die obere *Herzlinie*, die mittlere *Kopflinie* und die untere *Lebenslinie*.

Die Hand verrät Fingerspitzengefühl oder Grobheit.

Die Hände schützen und versorgen uns.

Die Hand

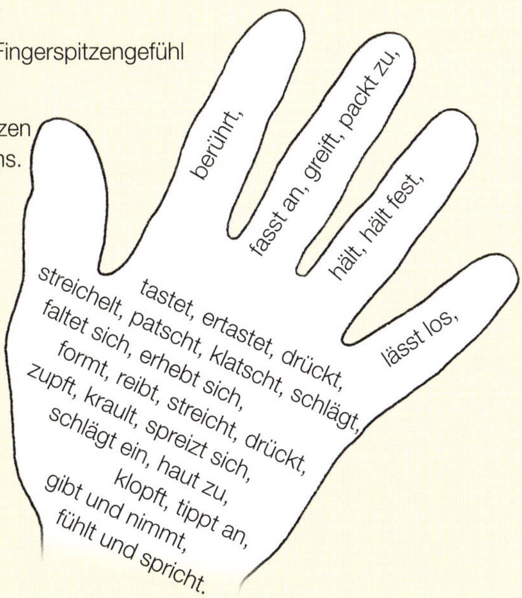

TAG 6-2

Der eingehenden Betrachtung kann nun z.B. der im Kindergarten beliebte Gipsabdruck der Kinderhände folgen. Bei uns geht es schöpferisch mit Tonerde weiter.

Mosaikstein 2:

Figur aus Ton modellieren

Wir formen mit geschlossenen Augen eine kleine (Menschen)figur.

Wir brauchen:

- eine Stange Ton (5 kg) für 12–15 Menschen (Bastelladen oder Töpferei),
- unmittelbar vorher mit Draht in Portionen geschnitten,
- feste (Maler)Plastikplane,
- Tücher zum Verbinden der Augen,
- einige kleine Schalen mit Wasser, alte Handtücher oder auch Papiertücher,
- kleine Pappstreifen und Stifte für die Namensgebung am Schluss,
- evtl. Musikkiste mit CD (z.B. Vivaldi: 4 Jahreszeiten),
- Zimbel,
- eine Holzbohle.

Tonerde, die Verbindung von Erde und Wasser, ist das Urmaterial, aus dem Gott im zweiten Schöpfungsbericht (Paradies) den Menschen geformt hat.

Tonerde ist bis heute das Material, aus dem Künstler und Töpfer Formen schöpfen.

Es ist weniger schwierig, als man denkt, die Form der menschlichen Figur nur vom Tastsinn her zu finden. Doch bisweilen gibt es Widerstände gegen die verbundenen Augen. Dann gilt es, die Scheu vor dem Ge-sichtsverlust möglichst zu nehmen, denn die Hände allein sind ungenierter schöpferisch.

Wenn die Augenbinde abgenommen wird: Wach sein und etwaige Abwertungen abwenden durch andere Sichtweise! Ein freundlicher Humor ist hilfreich, aber es sollte nichts der Lächerlichkeit preisgegeben werden.

Hinweise

- Es empfiehlt sich, diese Übung vorab im Vorbereitungsteam durchzuführen. Damit man auch selbst etwas von dem Zauber des Schöpfens erfährt.
- Bei Kindergruppen kann es sinnvoll sein, frei zu stellen, ob sie eine menschliche Figur („kleine Puppe“) oder ein (Fantasie)Tier formen wollen.

Ton in der Hand

Augentücher bereithalten und anfangen: Alle sitzen in zwei gegenüberliegenden Reihen am Boden. In der Mitte eine Bahne kräftige Plastikfolie wie eine lange Tafel. Darauf einige Schalen mit Wasser und einige (Papier) Tücher zum Trocknen der Hände.

Wenn jeder gesehen hat, wo was steht, werden die Augen verbunden.

Jedes Kind bekommt nun eine Portion Ton, mind. so groß wie vier Fäuste.

Stilles Schaffen

Von jetzt an sollte möglichst nicht mehr gesprochen werden. *Pst!*

Die Figur am besten aus dem *gesamten* Ton entstehen lassen.

Da es oft schwer fällt, die Stille zu ertragen, kann eine ruhige, freundliche Musik helfen.

Wer seine Figur fertig hat, legt sie vor sich hin.

Nach ca. 12 Min. erklingt eine kleine Glocke und die sanfte Aufforderung, zum Abschluss zu kommen. Wer noch nicht abgeschlossen hat und noch weitermachen möchte, kann dies tun. Aber damit die anderen nicht unruhig werden, können sie die Augentücher abnehmen. Darauf hinweisen, dass niemand diejenigen, die noch weiter formen, stört.

Jeder wendet sich nun zuerst der eigenen Figur zu, kann noch ein paar Stellen glätten und verstreichen.

Namen geben

Als Nächstes gilt es, einen Namen für die Figur zu finden. Den kann man auf ein kleines Pappschild schreiben.

Die Figuren werden schließlich auf die Holzbohle gelegt, gesetzt oder an eine Stütze (Steine oder Holzscheite) angelehnt, die Namensschilder dazu gelegt.

Ansehen

Dann betrachten wir gemeinsam die Figuren. Darauf achten, dass Kommentare beschreibender und nicht bewertender Natur sind! Durch Beispiele etwas lenken. Vielleicht hilft die Frage, was eine Figur mit besonders lang geratenen Beinen besser kann als andere. Irgendwie hat ja jeder Mensch eine Macke und dahinter oft eine Gabe. Das können Sie im Nachgespräch und in der Art Ihrer Kommentare hervorheben.

Abschluss

Die Figuren später zum Trocknen auf ein Regal stellen.

Wer möchte, kann seine Figur, wenn sie gut durchgetrocknet ist, in einer kleinen Schachtel vorsichtig mit nach Hause nehmen.

Die anderen können nach einiger Zeit in einem kleinen Ritual wieder der Erde übergeben, das heißt im Garten an verschiedenen Stellen Wind und Wetter ausgesetzt werden.

So kann man ihre Vergänglichkeit noch beobachten. Ggfs. ist auch ein Begräbnis der Figuren denkbar – aber bitte kein Massengrab.

Mosaikstein 3:
Figuren bauen

In einem Bewegungs-Gestaltungs-Spiel kann man auch aus dem eigenen Körper eine Figur bauen lassen.

Die Kinder gehen zu zweit zusammen, zum Beispiel Julian mit Niklas. Beide brauchen etwas Platz um sich und vielleicht einen Stuhl, wenn Niklas eine sitzende Figur formen möchte.

Zuerst ist also Niklas der Bildhauer. Und Julian kann sich als eine Tonmasse fühlen, die nun von Niklas geformt wird.

Am besten zeigt und probiert man erst einmal, was sich alles biegen und drehen kann am Körper: Rumpf, Beine, Knie, Arme, Hände usw. – und wo die Schmerzgrenze liegt: Verschiedene Grundpositionen miteinander ausprobieren (Liegen mit aufgestütztem Kopf, Sitzen mit angezogenen Beinen, Knien, Stehen usw.). Ausprobieren: Wie bekomme ich meine Figur vom Stehen zum Liegen, ohne dass sie fällt? Aha, das geht gut, wenn ich sie gegen meinen Körper lehne und vorsichtig zurückgehe …

Natürlich gibt die Modelliermasse nicht alle Verantwortung für die eigene Position auf – bevor sie fällt, kann sie sich schon abstützen. Aber insgesamt geht es darum, sich einmal dem Anderen zu überlassen. Das kann lustvoll sein, wenn die Anleitung darauf achtet, dass die Kinder einander nicht verspotten.

Bei den geformten Figuren kommen meist schnell Assoziationen von Schaufensterpuppen. Man kann sie aber auch zu „Denkmälern“ erklären und ihnen Titel geben, z.B.: DIE HAUSFRAU, DER HANDWERKER; HERR SCHULZE DENKT, DIE FROMME AGATE usw.

Tag | 6-2

Mosaikstein 4:

Figuren ertasten und blind nachstellen

Man geht auch hier zu zweit zusammen. Zum Beispiel Katrin und Ilda.

Katrin hat jetzt verbundene Augen. Ilda stellt sich statisch in eine bestimmte Denkmal-Position. Zum Beispiel stellt sie sich breitbeinig hin und hat ihre Hände fest in die Seiten gestützt. *Wie eine Matrone.* Ist sie fertig mit ihrer Statue, sagt sie Katrin Bescheid.

Katrin beginnt – nur mit den Händen – die Position von Ilda zu ertasten und sich genau zu merken, wie Ilda steht. Wie stehen ihre Füße am Boden, wie ist der Körper gebeugt, gedreht, aufrecht, in welche Richtung geht ihr Gesicht usw.? Wenn sie glaubt, die Haltung von Ilda ganz erfasst zu haben, dann stellt sie sich selbst – mit weiterhin verbundenen Augen – in diese Position. Dann – erst dann – kann sie das Tuch von den Augen nehmen. Beide betrachten nun den Unterschied zwischen Ildas Vorgabe und dem, was Katrin daraus gemacht hat.

TAG 7

Sonntag

So wurden vollendet Himmel und Erde mit ihrem ganzen Gefüge.
Und so vollendete Gott am siebten Tage seine Werke, die er machte, und ruhte am siebten Tage von allen seinen Werken, die er gemacht hatte.
Und Gott segnete den siebten Tag und heiligte ihn, weil er an ihm ruhte von allen seinen Werken, die Gott geschaffen und gemacht hatte.
So sind Himmel und Erde geworden, als sie geschaffen wurden.

Ruhe, Leere, Freispiel

Sie erinnern sich: Nicole ist siebzehn und langweilt sich abends. Natürlich auch am Sonntag.

Der Sonntag war früher nicht frei. Wer arbeitete, der tat es durchgängig, auf den Höfen sowieso, aber auch später in der industriellen Produktion. Sieben Tage. Die Kirche hat den Feiertag durchgesetzt. Den Sonntag, nicht den Samstag. Damit die Leute zur Kirche gehen konnten, denn das brauchte Zeit wegen der weiten Wege ohne Auto. Dahinter stand das Menschenbild unserer Schöpfungs-Geschichte:

- Menschen brauchen einen Takt, der sie auch von außen hält.
- Sie sind Gott darin verwandt, dass sie auch genießen wollen, was sie geschafft haben.
- Sie sind auch wertvoll, wenn sie nichts (Neues) tun.
- Sie brauchen Zeiten, in denen sie sich ihres Ursprungs, ihrer menschlichen und göttlichen Herkunft vergewissern, z.B. in der Kirche, der Familie oder bei befreundeten Menschen.
- Zeiten der Leere sind Zeiten der Erschöpfung wie der Schöpfung.

Menschen, denen der Arbeitsprozess keine geregelten Pausen erlaubt, werden krank. Der Sonntag und das Ausatmen Gottes, das steht für die vielen Pausen, die einen Tag und ein Leben durchziehen sollten.

Leere und Schöpfung

Zum Sonntag gehört auch die Leere. Viele Familien nehmen da ihre Feiertagsneurose, es gibt Streit, weil so viel Zeit ist, sich zu reiben. Andere finden zueinander, endlich. Wer einsam ist, muss sehen, wo er bleibt. 7 bis 10% der eingetragenen Christen gehen in Deutschland in die Kirche, weil sie da nach wie vor einen heilsamen Ritus erwarten, der sie an ihre göttliche Abstammung erinnert. Mehr muss es nicht sein. Für manche war das dann das Ereignis des Tages. Für andere der Auftakt zu Größerem am Feiertag.

Wie auch immer, diese unbeschriebenen Zeiten zeigen oft die Unterseite der Seele, die unter der Woche zugedeckt bleibt. Dafür ist der Sonntag auch da. Es steht zwar in der Bibel, dass Gott zufrieden war mit allen seinen Werken. Aber die Arbeit beginnt ja danach erst.

Die Leere kennen wir schon – sie stand am Anfang. Aus der Ursuppe entstand der neue Kosmos. Und manch gute Idee wird am Sonntag geboren, weil da endlich alle mal *leer laufen*. Vielleicht hängt Kreativität doch zusammen mit dem Nichts, vielleicht braucht sie das.

Sonntag und Werktag

Deshalb streiten Christen sich mit den universellen Ladenöffnern. Sie wollen nicht, dass immer alles möglich ist. Der Mensch braucht einen kleinen äußeren Anhalt zum Auf-Hören.

Was immer er daraus macht. Natürlich kann Frau Schnurr sich auch einen anderen freien Tag in der Woche wählen, wenn erst einmal alle Wochentage Werktage sind, aber dann muss ihre Tochter gerade arbeiten, und viele andere müssen auch irgendwas. Sonntags wusste man wenigstens, dass die Chance für ein Treffen „von selbst“ günstiger war. Wir müssen ohnehin so viel selbst regeln. Ohne kollektiven Rhythmus ist der einzelne Mensch schnell überanstrengt.

Feiern lernen

Wenn wir Kindern die Welt-Entstehung in den Ablauf einer Woche einzeichnen, dann geht es am Sonntag um die *Feierkultur*. Was war, wird wiederholt in Andeutungen. Die Sinne kommen alle noch einmal vor, und ein anderer Zeittakt gilt: Es gibt nichts Neues, sondern wir holen wieder, was gelungen war

(Lieder, Texte, Bilder, Szenen, Figuren). Das lehrt Kinder im Ansatz, wie man sich freut am Geschaffenen. Sonst werden sie *neu-süchtig* – entsprechend den ständig wechselnden Angeboten, die sie überall bekommen.

Besser begründen als durch diese Bibelszene kann man das nicht: Gott ruht, die Menschen ruhen, feiern und freuen sich.

Zum Beispiel:

Und siehe – es war gut

Es ist Sonntagmorgen halb zehn, die Glocken beginnen ihre schwingenden Töne über den Stadtteil zu senden, die Straßen sind schön still. In der Kirche geht es gerade noch etwas geschäftig zu.

Im Eingangsbereich sind **7 weiße Kartons** nebst **Taschenlampen** auf einem einfachen Gestell (**2 Wasserkastentürme, eine Bohle** und großes Tuch drüber, siehe Seite 124ff.) etwa in 1,60 m Höhe ausgestellt. Für kleinere Menschen stehen **2 Schemel** parat.

Vorne im Altarraum sieht man eine Reihe von **7 kleinen Grünflächen**. In den Kirchenbänken sind **kleine Spiegel** verteilt, **4 in jeder Reihe** genügen, denn man kann sie ja weiterreichen.

Franziska tritt an der Kirchentür von einem Bein auf das andere, sie hat einen **Teller mit Trockenobst und Mandeln** in der Hand und sucht einen Platz, wo sie ihn abstellen kann, bevor sie das Obst den Gottesdienstbesuchern anbietet. Stefan wird die Liedzettel verteilen.

Frau Schulz ordnet in der Sakristei noch die **Vogelmasken** und Tücher, damit jedes der Vogelkinder sie nachher schnell greifen kann.

Pastor Gottlob richtet Lampen. Die Kerzen auf dem Altar werden diesmal noch nicht vorher angezündet.

Nun kommt die Gemeinde getröpfelt. Drei Kinder stehen mit ihren Taschenlampen etwas erhöht hinter den Guckkästen und fordern die Besucher auf, hineinzublicken. Wer es tut, lächelt hinterher.

Die meisten Kinder, die beim Schöpfungsprojekt beteiligt waren, nehmen schon vorn links vom Altarraum Platz. Der Teppich vor dem Altarraum, auf dem sie sonst öfter lagern, bleibt im Moment frei. Da geschieht wohl noch etwas.

Um 10 Uhr beginnt der Festgottesdienst mit unserem Schöpfungslied.

Holger zündet die Altarkerzen an. Die kleinen Finger zittern, sein Atem geht schnell. Der Pastor erzählt von einer Woche Schöpfungs-Kirche. Aber er verrät nicht zu viel, wir sollen ja gleich selber entdecken.

Das Ritual folgt, das die ganze Woche galt: Das **Geheimnis zwischen den Händen**, die gerufenen Namen.

Der Chor ist gekommen, und alle haben **Windschläuche** mitgebracht, heimlich. Wenn alle 33 damit loslegen werden, hören wir den Geist über den Wassern.

Zwei bis sieben Kinder lesen abwechselnd die Schöpfungsgeschichte. Die Chorschläuche toben. Es folgt **Donnergroll und Getöse** wie am ersten Tag. Dazu **5 lebende Steine**, die rollen und tollen auf dem Teppich vor dem Altar.

Dann Stille – und am Himmel der Kirche erscheinen **wandernde Sterne**. Der Pastor nimmt einen Handspiegel und zeigt, wie man sich die Sterne herunterholen kann, indem man sie im Spiegel in der Hand ansieht.

2 Blumenkinder schmücken die kleinen Grünflächen mit Blumen.
Dann ist es still, und die Gemeinde singt: Geh aus mein Herz. Was sonst.

Plötzlich ertönt **Vogelgezwitscher** und man sieht **große Vögel am Himmel** (die Fotos sind mit einem Beamer an die Decke geworfen), zugleich flattern und fliegen **3 „echte Vögel“** über den Teppich, picken Körner, fliegen wieder davon.

Da sind wir auch schon am sechsten Tag angelangt. Einige Kinder zeigen ihre **Stofftiere** und setzen sie zu den Blumen in die kleinen Wiesen.

Nun ist der Mensch an der Reihe. Und **eine kleine Predigt** über Leere und Kreativität am Sonntag.

Der Pastor lädt alle Menschen ein nach vorne zu kommen. Wir bekommen **Abendmahl mit selbst gebackenem Brot und Saft.** Nichts fehlt.

Alle stehen im großen Kreis. Blumen, Steine, Stofftiere in der Mitte rund um den kleinen Altartisch. Brot und Saft gehen herum, und die Orgel improvisiert zusammen mit 5 Windschläuchen.

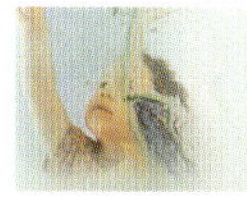

Michi hat ein **Gebet** auswendig gelernt für alle Tiere. Er verhaspelt sich und wird rot. Alle schmunzeln. Stehend sprechen wir das gleiche Gebet wie immer – das **Vaterunser**.

Und am Schluss stellen wir uns zu einer **Ur-Wolke** zusammen, ganz dicht, so dass man den Atem der anderen spürt, summen Töne, jeder irgendeinen, und siehe, es wird von selbst gut, und darüber der **Segen**, gesungen. Frau Schneider-Lützgendorf muss weinen. Wegen der Rührung.

Am Ausgang kann man noch einmal in die Guckkästen gucken und lächeln.

Kurzprojekt: Kleine Welten – 7 Tage in 7 Boxen

Im Folgenden möchten wir noch ein kleineres Gestaltungsprojekt vorstellen, das alle sieben Schöpfungstage in einem umfasst. Es eignet sich zum Beispiel zur Einstimmung und Vorbereitung eines Teams, welches das gesamte Projekt durchführen möchte. Sozusagen als Ouvertüre. Denn bei diesem Tun kann man sich gut den entscheidenden Themen und Fragen der Schöpfungsgeschichte annähern.

Die Aufgabe ist ebenso geeignet für eine einmalige 1 1/2- bis 2-stündige Aktion zum Beispiel im Rahmen eines Kinderkirchen-Vormittags (siehe *Zielgruppen und Organisationsformen,* S. 23).

Die Idee hierbei ist, Impressionen von je einem Schöpfungstag in einen kleinen Karton zu bannen.

Die Aufteilung der Schöpfungstage, das heißt die Frage, wer welchen Tag gestaltet, kann man in der Gruppe je nach Gusto oder auch per Los entscheiden lassen.

Die Kooperationsform entscheidet sich nach Gruppengröße. Sind sieben Leute zusammen, so gestaltet jeder einen Tag, sind es mehr, so gestalten zwei oder auch drei Personen zusammen einen Tag. So entsteht auch schon ein Dialog beim Tun. Wer über den Bibeltext hinausgehen möchte, kann auch den *achten Schöpfungstag* – der in menschlicher Verantwortung liegt – mit hinzunehmen.

Material

- 7–8 stabile Schuhkartons (Herrenschuhgröße),
- weiße, evtl. auch schwarze Dispersionsfarbe (= Wandfarbe),
- farbiges Transparentpapier bzw. Butterbrotpapier,
- Werkzeug: Teppichmesser, Scheren, verschiedene Klebstoffe,
- Taschenlampen
- Eine Menge kleiner Naturmaterialien, die für eine Miniaturgestaltung zu den jeweiligen Schöpfungstagen passen, z.B. Sand, Steine, Ton, Moos, Rinde, Äste, Blumen, Muscheln, Stroh, Federn, Leder- und Fellreste, farbige Wachs-Knete, farbiges Seidenpapier, Stoffreste, ungesponnene Wolle usw.

Das Material sollte einladend ausgebreitet auf einem Tisch liegen. Man kann die Teilnehmenden aber auch losschicken, dass sie ihr Material z.B. draußen in der Natur zusammensuchen. In diesem Fall muss man weniger bereitstellen.

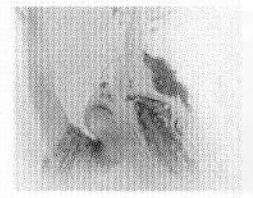

Dann geht's los

Um den Schuhkartons ein einheitliches Äußeres zu geben, streicht man sie am besten mit Wandfarbe außen einfach weiß (evt. schon so vorbereiten, jedenfalls wenn wenig Zeit zur Verfügung steht. Sonst mind. 30 min. Trockenzeit mit einplanen).

Die schwarze Farbe ist je nach Bedarf für Innen gedacht.

Sind die geweißten Kartons getrocknet, so schneidet man mit einem Cutter-Messer etwa in die Mitte der Stirnseite ein Guckloch, ∅ etwa so groß, dass man den Zeigefinger durchstecken kann. Am besten geht das, wenn man zuerst nur ein kleines Kreuz schneidet und dieses dann mit dem Finger öffnet.

Nach dieser Vorbereitung für die Optik wird der kleine Innenraum wohl überlegt bestückt mit Materialien, die zu dem Thema des jeweiligen Schöpfungstages passen.

Es soll eine kleine Welt entstehen, die nicht nur Gegenstände anhäuft, sondern sie so arrangiert, dass man interessiert hinschaut.

Zwischendurch immer vorn durch das Guckloch schauen, weil der Blick mit nur einem Auge die räumliche Perspektive schafft.

Wenn man dann weiß, wo der Fokus des Geschehens liegt, so schneidet man mit dem Cutter an der entsprechenden Stelle in den Karton-Deckel einen „Fensterladen", der sich zu beiden Seiten hin aufklappen lässt. Möchte man das Licht von der Seite einfallen lassen, so schneidet man entsprechend ein Fenster in die Wand. Möchte man, dass an zwei Orten beleuchtet wird, so schneidet man entsprechend zwei Fenster. Die „Klappläden" empfehlen sich, weil man sie leicht mit Tesaband wieder verschließen kann, wenn das Licht nicht an der Stelle einfällt, an der man es braucht. Sitzt der Lichteinfall an der richtigen Stelle, kann man die Klappen auch abschneiden. Anschließend werden die Fenster mit Butterbrotpapier oder mit einem farbigen Transparentpapier hinterklebt.

Als Nächstes wird der Deckel geschlossen und man leuchtet mit einer Taschenlampe durch die geöffneten Fenster. Das Auge eines Betrachters schaut nun durch das Guckloch vorn in die kleine Welt.

Staunen ist eine häufige Reaktion.

Zur Präsentation

Die Kästen werden in der Reihenfolge vom ersten bis siebten Tag etwa in Augenhöhe auf ein Bord gestellt (siehe Festgottesdienst). Wer will, beschriftet sie mit dem jeweiligen Bibeltext oder nur mit 1. Tag, 2. Tag, usw.

Dahinter stellen sich drei Beleuchter auf Stühle. Sie führen die Taschenlampen für die Betrachter und können ggfs. auch kleine Hinweise geben.

Man kann zur Präsentation aber auch Taschenlampen einfach neben die Kästen legen und eine kurze schriftliche Anweisung dazu geben.

Nachwort

Gott macht aus Nichts eine Welt. Und was für eine – ein Wunderwerk, das uns staunen lässt, je genauer wir es wahrnehmen und entdecken. Der Dichter Robinson Jeffers schrieb einmal dazu:

Gottes Exzesse

Ist es nicht an dem fürstlichen Zuviel, woran wir
Unseren Gott erkennen? Denn etwas tun, das Not ist,
Liegt rein in der Natur, ist animalisch, mineralisch;
Aber Perlmuttbrücken über den Regen schlagen
Und Märchenglanz über den Mond, heimliche Regenbögen
In den Schulp der Tiefseemuschel legen
Und die notwendige Paarung
Zu Feuerschönheit anfachen –
Dass selbst das Unkraut sich nicht ohne Blüte mehrt,
Und Vögel sich nie ohne Lieder reihen:
Es liegt die große Menschlichkeit im Mark der Dinge,
Die Güte ohne Maßen, der Quickborn,
Der zum Menschen spricht und der auch ihm zukäme –
Wenn Macht und Sehnsucht paarig wären.

Robinson Jeffers, Gedichte,
hg. und ü. v. Eva Hesse, Rimbaud Verlag Aachen, in Vorbereitung

Mit dem Staunen beginnt die Philosophie, sagen einige. Für viele beginnt damit auch die Aufmerksamkeit auf die Natur, die Schöpfung. Staunen, wie kunstvoll das Bienenvolk seine Waben baut und Honig sammelt, angelockt von der Farbe der Blumen, die wiederum Kraft durch das Wasser bekommen, das aus Meeren und Seen aufsteigt und als Regen aufs Land fällt. Aus dem Staunen kommt die immer bessere Erkenntnis, welch kunstvolle Kreisläufe da ineinander verflochten sind und wie die Lebewesen einander brauchen, um die Kette des Lebens zu erhalten.

Wer staunend erkennt, fühlt auch die tiefe Verwandtschaft, die die Menschen mit allem Lebendigen verbindet. Die Liebe zum schönen und zerbrechlichen Gesamtkunstwerk der Natur gebiert dann auch den Schmerz über die ausgerotteten Pflanzen und Tiere, über Bäche voller Schaum und verpestete Luft.

Wer den Weg vom Staunen zum Erkennen, zum Mitfühlen, zur Liebe, zum Nachdenken über die Gerechtigkeit geht, wird gestärkt und entschlossen Verantwortung für das Wunderwerk der Schöpfung und seine Bewahrung übernehmen. Wird sich kundig machen über die Kreisläufe des Lebens. Wird anderen entdecken helfen, wie schön – und wie verletzlich – die Schöpfung ist und dass unsere eigene Zukunft mit der anderer Lebewesen verknüpft ist.

„Nur was man kennt, das liebt man, und nur was man liebt, dafür kämpft man auch" – so begründen Angelika Hüffell und Thomas Hirsch-Hüffell ihre kreative und liebevolle Übersetzung der Schöpfungsgeschichte.

In sieben Schritten laden sie zu einem spirituellen Weg ein, mit Kindern das Staunen über „Gottes Exzesse" zu entdecken. Sie öffnen den Blick und das Herz für das Wunder des Lebens, für ein achtsames Handeln und ein aufmerksames Miteinander. Wer sich auf diesen Weg einlässt, in der Kirchengemeinde oder in der Schule, wird am Ende beschenkt fröhlich einstimmen: Gott macht aus Nichts eine Welt. Und siehe, sie ist sehr gut. Was für ein Wunder!

Lübeck, im August 2004

Bärbel Wartenberg-Potter
Bischöfin für den Sprengel Holstein-Lübeck